# 控制权顶层设计

TOP LEVEL DESIGN OF CORPORATE CONTROL

郑磊磊 著

北京时代华文书局

U0854679

**图书在版编目（CIP）数据**

公司控制权顶层设计 / 郑磊磊著. -- 北京 : 北京时代华文书局, 2021.7

ISBN 978-7-5699-4190-6

Ⅰ. ①公… Ⅱ. ①郑… Ⅲ. ①公司—控制权—研究 Ⅳ. ①F276.6

中国版本图书馆 CIP 数据核字（2021）第 097845 号

**公司控制权顶层设计**

GONGSI KONGZHI QUAN DINGCENG SHEJI

著　　者 | 郑磊磊

出 版 人 | 陈　涛
选题策划 | 王　生
责任编辑 | 周连杰
封面设计 | 王　丽
责任印制 | 刘　银

出版发行 | 北京时代华文书局 http://www.bjsdsj.com.cn
北京市东城区安定门外大街136号皇城国际大厦A座8楼
邮编：100011　电话：010-64267955　64267677
印　　刷 | 三河市京兰印务有限公司　电话：0316-3653362
（如发现印装质量问题，请与印刷厂联系调换）
开　　本 | 889mm×1194mm　1/32　印　　张 | 8　字　　数 | 143千字
版　　次 | 2022年1月第1版　印　　次 | 2022年1月第1次印刷
书　　号 | ISBN 978-7-5699-4190-6
定　　价 | 88.00元

**版权所有，侵权必究**

# 前 言

为什么曾经身陷囹圄的黄光裕依然可以控制国美电器?

的确，如果仅从黄光裕家族持有国美电器的股权比例（31%）来说，其家族确实占据着国美电器绝对控股的地位。

然而，当黄光裕在被关押之际，紧急将接力棒交由陈晓后，在野心驱使下的陈晓看中了黄光裕家族的软肋——虽然黄光裕家族持有31%的股权，但只要通过引入资本将其持有的股权稀释，必然会导致黄光裕家族失去国美电器的控制权。

于是，陈晓发动了争夺国美电器控制权之战。

戏剧性的是，陈晓的如意算盘虽然打得叮当响，却不料黄光裕施了一招儿“螳螂捕蝉黄雀在后”。黄光裕早已通过公司章程约定，使自己的家族拥有了一种特殊的权力——重大事项一票否决权，因此当陈晓带着贝恩资本信心满满地向黄光裕家族开炮时，被黄光裕家族一票否决了。

由此可见，一个公司能够跑多快，取决于公司领航人；而公司领航人能够走多久，取决于有无控制权。

为此，我们可以看见在没有硝烟的商战中，已经有太多的公司通过设置不同表决权的股权结构实现了对公司的绝对控制。

例如，阿里巴巴的马云、京东的刘强东、百度的李彦宏，哪个不是通过构建AB股股权架构，放大了自己持有的投票权比例？哪个不是既分散了自己的股权激励了股东和员工，同时又牢牢把握着表决权？

不可否认，他们可以玩转商战规则，甚至敢于挑战商战规则，因为他们抓住了商战规则的核心——得控制权者得公司。

所以，我们有理由相信，在他们手中都死死地攥着一张争夺控制权的逻辑图，大致应该是下图的模样。

当然，在这种杀人不见血的商战中，也有太多的公司被易主，公司创始人只能眼看着自己辛苦拼搏的成果化为了资本手中的玩物。

所以，我们也有更充分的理由相信，那些被踢出局的公司创始人最不愿看见的就是自己的公司被别人拿去“喂养”，因为从人格层面来说，这是一种极大的侮辱，是一种彻底的失败。

对每个公司创始人而言，最渴望拥有的莫过于公司控制权。

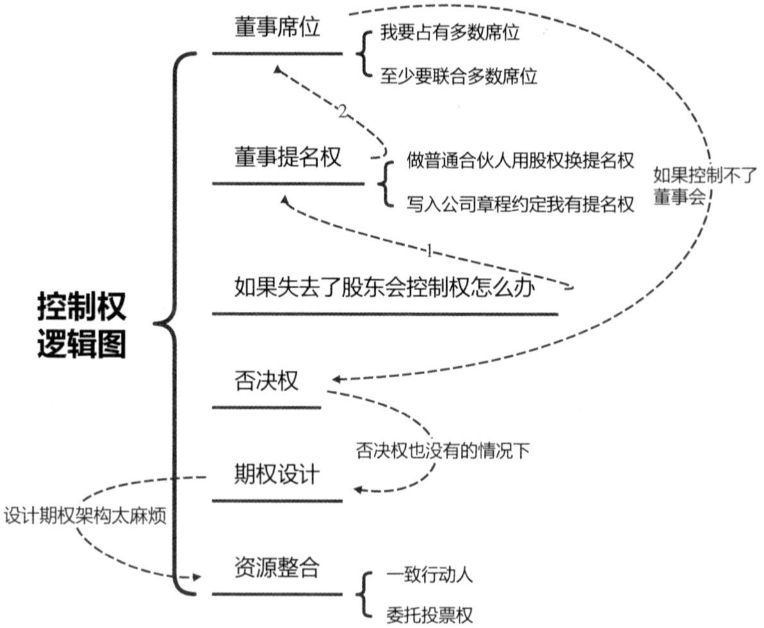


所以，如果你正在为自己持有的股权被不断分散而发愁，如果你正在为无法对公司的未来做决策而颓废，如果你正在为股权被肆无忌惮地稀释而不知所措，如果你正在为避免遭受其他股东的威胁而茫然无助，如果你正在为了如何保护自己亲手养大的公司而郁闷心酸……请阅读本书。

本书综合了成功、长期、牢牢掌握公司控制权的经验、方法、途径，将马云、李彦宏、刘强东、任正非等人的公司控制权顶层设计进行了拆分、解析、总结。所以，本书不仅为上市公司创始人铸就了一条快速夺取公司控制权的便捷之路，以解燃眉之急；而且为非上市公司创始人铺就了一条掌握公司控制权的康庄大道，以破后顾之忧；甚至为正在或者想要创业的有志之士搭建了一座照亮把握公司控制权的灯塔，以示有预则立。

当你在百无聊赖之际，在百思不得其解之时，偶尔拿起此书，随意翻动几页，或许会给你带来灵感上的冲击，成为你在前进道路上的指南针。

最后，由衷地提示一下，因为水平和时间有限，书中难免存在不足之处，希望广大读者批评指正。

# 目录

# 第一章

# 企业！企业！

## ——看住你的“孩子”

创业不易，守业维艰。从公司诞生的那一刻起，相信每一个创始人都会对其珍爱有加，都会对其竭尽所能，都会义无反顾地经营它，因为在他们心中，公司和自己的孩子无异。

然而，每个创始人又无法规避一个现实又残酷的命题——公司在发展过程中需要资本的不断注入，但每一次资本注入的背后则是公司控制权的牺牲，这会对创始人的地位造成威胁。

那么，对于创始人来说，难道在引入资本的同时只能忍痛割爱吗？答案是否定的。如果我们能够看住自己的“孩子”，就能让它不叫别人“爸爸”。

## 公司的主要类型

公司作为一种依法设立并以营利为目的的具有法人资格的经济组织，不仅担任着财富经济创造者、就业机会提供者的角色，而且还扮演着创造发明推动者、社会秩序维持者、创业规则践行者的身份，甚至还是贪念与欲望的放大者、贫穷与富裕的左右者。

公司所散发的影响力已经无孔不入，所拥有的力量也令人震惊。正是因为公司拥有这种特性，致使无数人争先恐后地加入创办公司的大军之中。但是，公司创始人想要通过控制公司进而扩大自身影响力，或者在历史发展的长河中留下浓墨重彩的一笔，就要充分、全面、深刻地了解不同类型的公司，从而为掌握公司控制权打下坚实的基础。

根据《中华人民共和国公司法》（以下简称《公司法》）第二条规定：“本法所称公司是指依照本法在中国境内设立的有限责任公司和股份有限公司。”

由此可知，我国《公司法》所规定的公司类型只有两种，一种是包括国有独资公司在内的有限责任公司，一种是股份有限公司。

同时，《公司法》第三条规定："公司是企业法人，有独立的法人财产，享有法人财产权。公司以其全部财产对公司的债务承担责任。

有限责任公司的股东以其认缴的出资额为限对公司承担责任；股份有限公司的股东以其认购的股份为限对公司承担责任。"

这里面透露出一个重要的信息，即无论是有限责任公司，还是股份有限公司，都是以股东为核心的。依据股东需要承担的公司责任的不同，可以将公司细分为五种类型。

### 1.无限公司

从无限公司的名称上可以简单得知，其是指需要股东为公司的债务承担无限连带责任的公司，所以也叫"无限责任公司"。无限公司通常需要有两个以上的自然人股东共同组成，这也是成立无限公司的必需条件之一。

无限公司的优势包括：

（1）组织关系简单。因为无限公司的股东人数较少，带有明显的合伙性质，也可以被看作是"人合公司"，所以公司内外部关系比较简单。

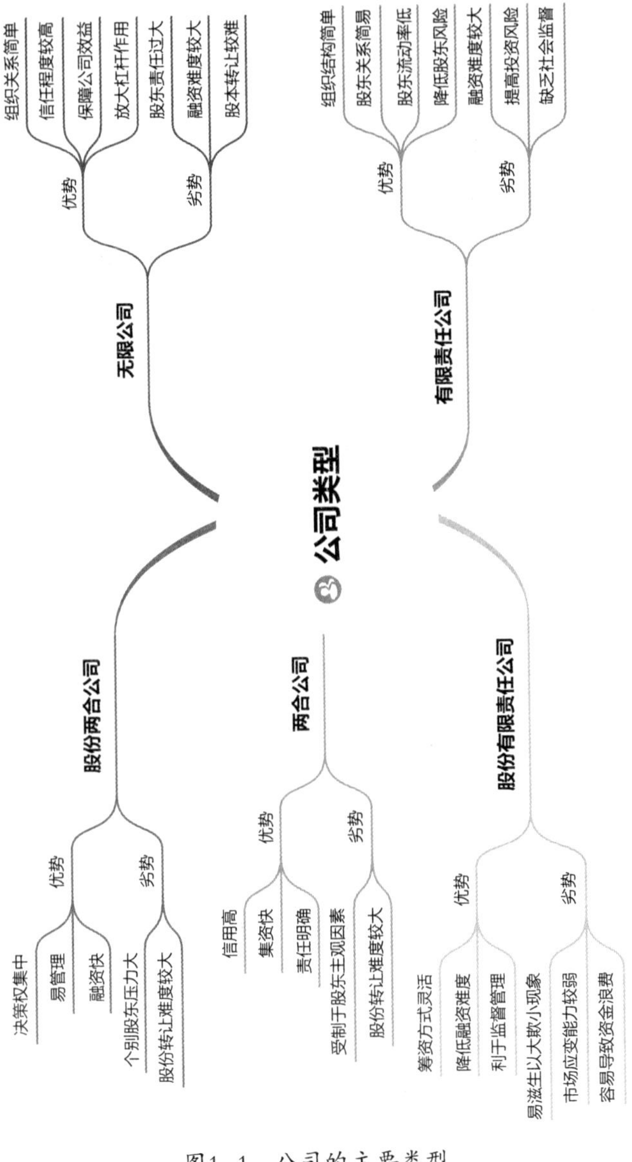
公司类型
无限公司
优势
组织关系简单
信任程度较高
保障公司效益
放大杠杆作用
劣势
股东责任过大
融资难度较大
股本转让较难
有限责任公司
优势
组织结构简单
股东关系简易
股东流动率低
降低股东风险
劣势
融资难度较大
提高投资风险
缺乏社会监督
股份两合公司
优势
决策权集中
易管理
融资快
劣势
个别股东压力大
股份转让难度较大
两合公司
优势
信用高
集资快
责任明确
劣势
受制于股东主观因素
股份转让难度较大
股份有限责任公司
优势
筹资方式灵活
降低融资难度
利于监督管理
劣势
易滋生以大欺小现象
市场应变能力较弱
容易导致资金浪费

图1-1　公司的主要类型

（2）信任程度较高。由于股东需要负无限连带责任，而且对于成立公司的出资额没有下限，股东之间如果彼此缺乏信任，很难共同成立公司。

（3）保障公司效益。公司一旦出现资不抵债的情况，股东就算动用个人资产也要进行债务偿还，这就要求股东必须具有较强的责任感。而这也在一定程度上提高了股东经营管理的积极性，保障了公司效益。

（4）放大杠杆作用。无限公司的成立通常属于有项目而缺少资金的股东与有资金而缺少项目的股东的组合，所以可以说是一个好项目将社会闲置资金进行了有效撬动，让资金发挥了应有的社会最大价值。

无限公司的劣势包括：

（1）股东责任过大。这一点与无限公司的优势其实是相对应的，因为股东需要担负无限连带责任，这虽然可以提高股东积极性，但也会让股东面临个人破产的风险。

（2）融资难度较大。由于成立无限公司对于出资额没有硬性要求与约定，所以在不设出资下限的情况下，再加上股东人数有限的束缚，很难短期内筹集到大量资金。

（3）股本转让较难。由于股东担负无限连带责任，一旦发生股本转让，则会牵连到每一个股东的利益，因此未经全体股东同意，往往无法实现股本转让。

### 2.有限责任公司

依据《公司法》第二十三条和第二十四条规定，满足“由五十个以下股东出资设立、有符合公司章程规定的全体股东认缴的出资额、股东共同制定公司章程、有公司名称，建立符合有限责任公司要求的组织机构、有公司住所”的条件而设立，且股东以其出资额为限对公司承担责任，公司以其全部资产对公司债务承担责任的公司，就是有限责任公司。

有限责任公司的优势包括：

（1）组织结构简单。根据《公司法》的相关规定，设立有限责任公司时，只需发起设立即可，而且没有必要的情况下可以不设监理会等，所以在一定程度上可以简化组织结构。

（2）股东关系简易。由于法律层面上只对有限责任公司的最高股东人数设置了上限，也就是说即便只有一个人也可以设立有限责任公司，即一人有限责任公司，因此股东之间的关系比较简易，而且在经营管理过程中也会大大降低协调难度。

（3）股东流动率低。根据《公司法》相关规定，有限责任公司的股东之间可以互相将其全部股权或者部分股权进行自由转让，但必须经过全体股东半数的同意，才可以对外进行股权转

资范围，增加了融资途径和方式，可以最大程度吸收社会上的各类闲置资金，有利于提高融资额，推动公司扩大生产经营活动。

（3）利于监督管理。股份有限责任公司的所有权与经营权是可以分离的。如果以此分别设立监督机构和经营机构，并通过监督机构监督经营机构的经营决策、生产活动等，既可以对经营机构起到一定的约束作用，也可以使投资者的利益得到保障，甚至可以起到优化市场营商环境的作用。

股份有限责任公司的劣势包括：

（1）易滋生以大欺小现象。在股份有限责任公司中，往往是谁拥有的股份数量越多，谁拥有的权利就越大。这种权利分配制度很容易导致小股东的利益无法得到保障，主要表现为大股东为了自己的利益可能会损失或者损害小股东的利益。

（2）市场应变能力较弱。在上面的优势中我们讲到了股份有限责任公司可以通过设置不同的管理机构形成彼此约束，这也会同时导致公司对于市场出现变化时无法及时作出应变举措，容易丧失良好的发展机遇。

（3）容易导致资金浪费。股份有限责任公司可以通过发行股票的方式募集资金，而且往往会在短时间内吸引大量投资者，募集的资金规模较大。然而，如果公司并不需要大量资金，或者募集资金超出使用范围，就会导致资金闲置，无法发挥其价值，甚至导致公司因为资金过多走向盲目扩张的道路。

### 4.两合公司

两合公司主要是通过股东之间所承担的责任进行界定，通常在组成股东中必须由一方承担无限连带责任，另一方承担有限责任。我们也可以认为，两合公司是指由有限责任公司和无限公司共同成立的公司形式。

那么对于两合公司的优劣势也就不难理解了，由于其是有限责任公司和无限公司的组合形式，所以也就兼具了两者的优缺点。比如，优势主要体现为信用高、集资快、责任明确等，而劣势则表现为受制于股东主观因素、股份转让难度较大等。

### 5.股份两合公司

这种公司组织是指通过将公司的资本以股份形式进行等额划分，出资额较少的股东因此可以获得更多的股份，但是却要担负无限连带责任，主要代表公司对外执行事务；而出资额较多的股东虽然获得的股份较少，却可以只担负有限责任，不代表公司对外执行事务。

股份两合公司的优势表现为：决策权集中、易管理、融资快等；而劣势则体现为：个别股东压力大、股份转让难度较大等。

总之，公司依据不同的划分标准可以分为多种不同的经济组织，但无论哪种公司类型，也无论其有多少优劣势，都必须严格遵循法律法规的相关规定。只有在此基础上，进一步认真研究，找到自己所在公司的本质，才能在合情合理合法的情况下牢牢掌控公司的控制权。

## 公司制与合伙制

阿里巴巴集团创始人马云曾说过：“下一轮竞争，不是人才竞争，而是合伙人制度的竞争。”

无独有偶。万科企业股份有限公司董事长郁亮曾如是说：“职业经理人已死，事业合伙人时代诞生。”新东方教育科技集团董事长俞敏洪也曾说过：“我是怎么被‘中国合伙人’的。”

由此可以看出，除了互联网行业，包括地产行业、培训教育行业也都对合伙制青睐有加。

那么，什么是合伙制呢？如果举一个简单易懂的例子，大家或许会更容易明白，《三国演义》中的刘备、关羽、张飞在桃园的结义之举，就可以被看作是一种“合伙”。

合伙制的概念在其他国家的发展较早，引入中国的时间比较晚，与中国的公司制一起作为体现公司的一种组织形式。

其实，我们在上面的内容中分析过的多种公司类型，如果按照不同的组织形式，也可以重新进行归类汇总。例如，有限责任公司与股份有限责任公司属于公司制，而无限公司、两合公司、股份两合公司则属于合伙制。

可以说，公司制与合伙制之间也存在着根本上与制度上的不同，公司创始人必须依据两种组织设计模式的利弊、特点，结合公司的实际情况与需求，充分考量、谨慎论证、认真选定，才能降低控制权争夺问题的出现。

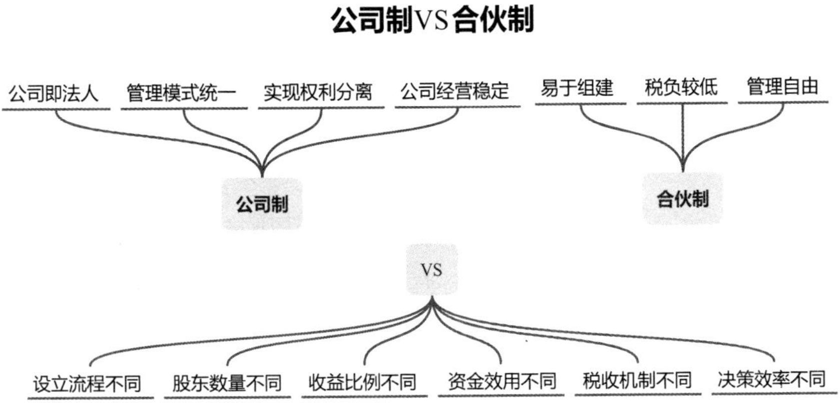


图1-2　公司制与合伙制的特征与比较

## 1.公司制

公司制是指依法设立的具有法人资格的公司，在从事经营活动过程中，必须以科学规范的法人治理结构为基础，以法人财产为核心的制度模式。

公司制的特点主要包括以下几方面：

（1）公司即法人。根据《公司法》相关规定，遵循公司制设立和运营的公司，具有与自然人相同的民事行为能力，从法人地位来说，就是一个法人团体。

（2）管理模式统一。根据相关《公司法》的规定，公司制组织可以为了完善与健全内部决策与治理结构同时设立股东会、董事会、监事会等，让公司的运营发展得到有效监督与管理。这种通过有效的制约机制统一公司管理模式的方式，在一定程度上也有效降低了管理难度与成本。

（3）实现权利分离。公司制组织将公司股东所持有的财产权与所有权进行了分离，比如股东会与董事会的设立，就是一种权利分离的直接体现。例如，股东会有权直接任命公司外部的审计机构对公司报表进行审议等，公司创始人虽然在具体运营事项中不做具体参与，但在重大决策事项上却拥有表决权或否决权。

（4）公司经营稳定。根据《公司法》有关规定，公司制组织必须严格要求并明确约定投资人的出资额、缴付的期限、增加的金额、减持的金额等，如果在约定时间内，投资人无法按期足额缴付，则可视为放弃出资权利，从而为公司正常运营提供充足保障，提高公司经营发展的稳定性。

## 2.合伙制

虽然中国的合伙制早在1997年2月23日，由第八届全国人民代表大会常务委员会第二十四次会议对《中华人民共和国合伙企业法》（以下简称《合伙法》）表示通过后就已诞生。但完善的合伙制，是于2006年8月27日修订，于2007年6月1日起施行，由中华人民共和国第十届全国人民代表大会常务委员会第二十三次会议表示通过的《合伙法》。

合伙制的定义相对比较简单，是指区别于个体业主，由两个或两个以上个人共同创立公司的组织形式。在最新的《合伙法》中，根据相关法律法规，可以将合伙制分为普通合伙制与有限合伙制，我们将在下面的章节中对此进行详细讲述，所以在此不再对两种不同的合伙制进行赘述。

合伙制的特点主要包括以下几个方面：

（1）易于组建。只要是彼此信任的两个以上的个人，就可以发起成立合伙制组织。在普通合伙制组织中，合伙人需要对组织的所有债务担负无限连带责任；而在有限合伙制组织中，仅以出资额为限对组织的所有债务担负有限责任。

（2）税负较低。根据《合伙法》第六条规定：“合伙企业的生产经营所得和其他所得，按照国家有关税收规定，由合伙人分别缴纳所得税。”这也就是说，在合伙制组织中，无论是普通合伙公司还是有限合伙公司，公司层面不需要缴纳所得税，只需要合伙人缴纳个人所得税即可。

（3）管理自由。合伙制组织的内部治理结构可以由合伙人之间自行约定。例如，在有限合伙公司中，可以约定普通合伙人享有管理权，而有限合伙人只享有分红权，同时可以自行约定普通合伙人的管理费以及分红权等。

通过对公司经营发展过程中需要遵循的两种制度的概念和特点的了解，可以看出公司制与合伙制之间也存在着很多不同之处。

1.设立流程不同

虽然设立合伙制公司也需要遵循一定的流程，但相比设立公司制组织必须在工商行政管理部门进行登记注册的程序而言，较为简单。

2.股东数量不同

根据《公司法》设立公司制组织的时候，如果是成立有限责任公司则需要50人以下股东出资成立；如果设立股份有限公司，则需要2人以上200人以下的股东出资成立。而根据《合伙法》设立合伙制组织的时候，仅需要2人以上50人以下的股东出资成立。

3.收益比例不同

在公司制组织中往往是根据股东的出资比例进行相同比例的

分红，而在合伙制组织中，即便出资比例较少的股东也会获得较高的收益。例如，在有限合伙制组织中，一般会约定有限合伙人出资比例占99%左右，而普通合伙人出资比例占1%左右，但是有限合伙人只分配总利润的80%左右。

4.资金效用不同

在公司制组织中，往往是先募集大量资金，然后再确定投资的项目，一旦找不到合适的项目，就会导致资金闲置的情况发生；而在合伙制组织中，一般是先找项目，确定要对项目投资时，再进行资金的募集，可以做到有的放矢。

5.税收机制不同

根据相关税法规定，公司制组织不仅公司层面需要缴纳企业所得税，而且股东个人也需要缴纳个人所得税。而合伙制组织仅需要股东缴纳个人所得税，有效规避了双重税负。

6.决策效率不同

公司制组织由于会受到董事会、股东会以及监事会的束缚，在做出决策时往往需要经过层层流程的审核，导致决策效率低下；而合伙制组织，尤其是在有限合伙公司中，一般由普通合伙人拥有决策权，所以不需要经过有限合伙人的同意即可快速做出决策。

时代的步伐在不断前进，公司的组织形式也需要与时俱进。

当公司制已经无法满足公司的发展需求时，合伙制的登场，便是对公司制的一种有力补充，但同时也是一种独立的存在。所以，对公司制和合伙制的内涵、特征等进行全面的梳理和了解，可以帮助我们搭建更适合自身的股权架构，也能够有效规避制度风险。

## 《公司法》对公司控制权的影响

中国的《公司法》由1993年12月29日第八届全国人民代表大会常务委员会第五次会议通过，后来经过1999年、2004年、2005年、2013年、2018年多次修正与修订。

《公司法》的制定与施行从社会影响层面来说，是社会经济秩序获得维护、市场经济获得发展的重要法律保障。因为公司作为社会中最基础的经济组织和市场主体，只有其组织结构科学合理、组织行为规范守法，才能使社会经济秩序保持稳定状态。一旦某些组织失去法律的约束，往往会出现投机倒把，欺行霸市等行为，这些不良行为将严重影响社会经济秩序的稳健，甚至会对社会市场经济的发展带来严重的负面影响。

从公司发展角度而言，《公司法》是现代公司发展的必然产物，是营造公平竞争的市场环境的法律保障，同时也对企业内部管理与外部扩张行为做出了严格的规范，最大限度地降低了各方利益遭受损害的风险。

尤其是2018年10月26日第十三届全国人民代表大会常务委员会第六次会议《关于修改〈中华人民共和国公司法〉的决定》第四次修正后的现行版本，在之前《公司法》的基础上做了多方面的优化，对公司发展的影响作用进一步放大。

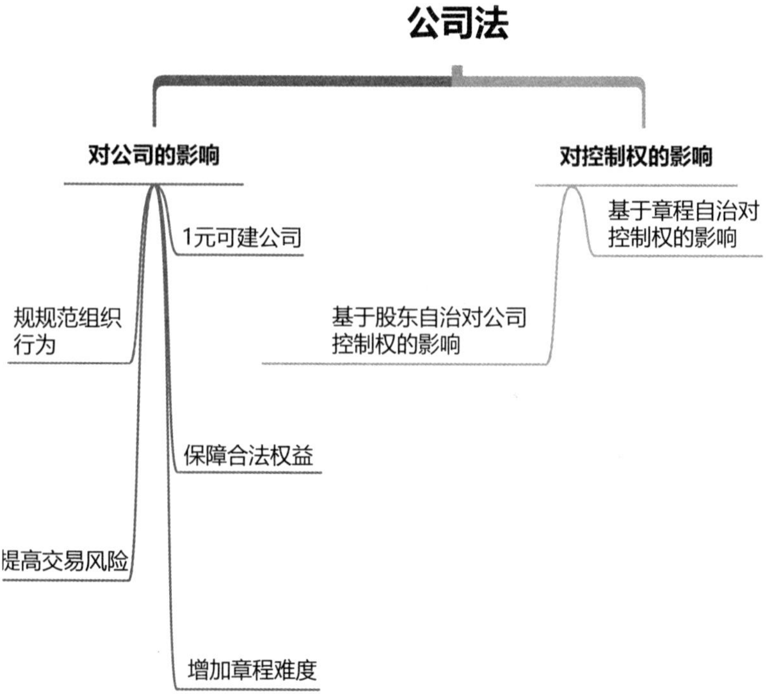


图1-3　《公司法》的影响

### 1.1元可建公司

在《公司法》没有做出新的修订之前，设立有限责任公司首先需要满足不低于3万元注册资本的条件，即使设立一人有限责任公司也要满足不低于10万元注册资本的条件，而设立股份有限公司更是要满足不低于500万元注册资本的条件。修订后的《公司法》只要求设立有限责任公司时，将公司注册资本、股东的出资方式、出资额和出资时间等在公司章程中标明即可。

最低注册资本限额的取消，意味着设立公司的门槛降低了。只要你有一个好项目，哪怕没有钱，也可以设立公司，从而进行资金的募集，实现创业的梦想。同时，对于后续出资年限也不再设硬性要求，不仅为投资者营造了更加宽松的投资环境，而且大大激活了市场。

### 2.规范组织行为

一旦公司成立之后，就会遇到各种问题，如公司章程的制定、组织机构的设立、经营过程中的变更、破产后的解散等。而《公司法》就是将一个公司从诞生到最终消亡的每个阶段都做出了严格的规定。

### 3.保障合法权益

一个公司在市场运行中拥有哪些权利，不是自己决定的，而是由《公司法》规定的。例如，《公司法》赋予公司的财产权，可以让其实现自主经营，但需要自负盈亏。同时，《公司法》也将利润分配权、决议投票权等交给了股东，不仅可以保障大股东的利益，也对中小股东的利益设定了法律保障。

### 4.提高交易风险

在新修订的《公司法》的规定下，设立的公司只需要认缴出资额，而这往往会导致公司的实际资产无法确定，公司的真正实力无法彰显。在这种情况下，与外部交易的时候通常会让债权人过分谨慎，因为债权人看不到公司有多少实际资产可以担负相应的责任。而这也在无形中提高了交易风险。

### 5.增加章程难度

以往的公司章程大多是拷贝工商局范本，只是简单地填写名称、住所、资本额、股东名称、董事人数等事项，最终也是流于形式，起不到丝毫积极作用。而根据修订后的《公司法》的相关规定，公司章程中除了要填写简单事项之外，公司股东的出资期限、出资顺序、未按期缴足情形下利润分配权的调整、股东会议决事项及程序、董事会议决事项及程序、股权转让等事项也必须严格填写。

其实，从另外一个角度而言，虽然修订后的《公司法》对公司章程的制定做了更详细的规定，增加了一定的难度，但是按照这种规定制定的公司章程才能真正对公司的运作管理起到作用。

《公司法》不是针对某个行业，更不是针对某个企业制定的。无论是大型企业还是中小企业，无论是国有企业还是私人企业，都将受到《公司法》的直接影响。显而易见的是，我们在上面内容中讲到的几点中，几乎每一点都和公司控制权有着莫大的联系，只是在《公司法》中并没有特别明确地对公司控制权做出规定而已。

我们不妨看一个实例。2021年因争夺控制权而闹得沸沸扬扬的深圳高特佳投资集团有限公司，由金融学博士蔡达建创建，经过多年的发展已经步入正轨，甚至蔡达建曾于2017年以20亿身家登上胡润百富榜。

然而，这一切的光环都没有继续耀眼下去。自2020年开始，深圳高特佳投资集团有限公司便因为蔡达建的一段家庭纠纷，从家族矛盾上升到了公司控制权的争夺。截至2020年10月，蔡达建的股份比例已经由之前的55.8846%降低到了36.2359%。

2021年2月4日，深圳高特佳投资集团有限公司经过公司变更后，法定代表人和董事长已经由金慧丽（蔡达建的妻子）替代了蔡达建。蔡达建的股份比例进一步下降到了12.8%，这意味着蔡达建已经完全失去了深圳高特佳投资集团有限公司的控制权，因为金慧丽拥有的股份比例（43.14%）远远高于他。

为什么这么说？因为根据《公司法》的相关规定，股东所拥有的股份比例越大，所拥有的表决权越大，而表决权的大小决定了其是否拥有公司的控制权。按照这个逻辑来说，金慧丽已经享有深圳高特佳投资集团有限公司的控制权。

然而，根据《公司法》第四十三条规定：“股东会会议作出修改公司章程、增加或者减少注册资本的决议，以及公司合并、分立、解散或者变更公司形式的决议，必须经代表三分之二以上表决权的股东通过。”

这也就是说，深圳高特佳投资集团有限公司法定代表人的变更，其实还需要经过三分之二以上的股东表示同意，金慧丽才会真正掌握深圳高特佳投资集团有限公司的控制权。

具体而言，《公司法》对公司控制权的影响主要体现在以下几个方面：

### 1.基于章程自治对控制权的影响

由于公司设立时对于注册资本行使的是认缴制，即在新修订的《公司法》没有特殊规定的情况下，公司股东之间可以通过公司章程自行约定认缴数额。如此一来，原《公司法》中曾规定的依据股东出资比例的不同分配控制权的法律基础就失去了参考意义，而公司章程就成了影响公司控制权的参照基础。

### 2.基于股东自治对公司控制权的影响

新修订的《公司法》第二十三条规定："设立有限责任公司，应当具备下列条件：

（一）股东符合法定人数；

（二）有符合公司章程规定的全体股东认缴的出资额；

（三）股东共同制定公司章程；

（四）有公司名称，建立符合有限责任公司要求的组织机构；

（五）有公司住所。"

与原《公司法》相比，只有第二项发生了改变，由之前的"股东出资达到法定资本最低限额"变成了"有符合公司章程规定的全体股东认缴的出资额"。换句话说，符合公司章程规定的全体股东认缴的出资额的决定权在全体股东手中，而且必须是由全体股东签字确认的公司章程才能生效。这对之前的那种由个人股东掌握决定权的模式形成了一种强大的颠覆。所以，新修订的

《公司法》给予了全体股东很大的权利，将由全体股东决定控制权何去何从。

综上所述，《公司法》对企业的影响是利弊各有，但是无论《公司法》完善与否，每个公司都必须严格遵守，否则不仅会受到行政处罚，也会让公司遭受损失。

# 掌握公司控制权的核心

是否掌握公司控制权，是公司创始人永远也绕不开的一个命题，甚至不关乎地域与血缘。尤其是在中国的商战中，公司创始人被“踢出局”的事件层出不穷，屡见不鲜。

2001年，新浪赴美成功上市后的第二个年头，新浪创始人王志东或许还沉浸在喜悦中尚未苏醒，就已经失去了新浪的控制权，被赶出了董事会。

2010年，1号店创始人于刚刚从平安拿到8000万元融资，随后就被平安绊了一跤，本该属于平安的1号店的80%的股权，被平安转手让给了沃尔玛。从此，沃尔玛成为1号店最大股东，于刚不得不忍痛割爱。

2013年，俏江南集团迫于种种原因，不得不将69%的股权出售给了CVC集团，意味着俏江南集团正式易主，创始人张兰被扫地出门。

2016年，拥有去哪儿网68.7%投票权的百度，自作主张将去哪儿网“嫁”给了携程，而去哪儿网创始人庄辰对此却无能为力，最终选择了放弃。

……

如果将一个公司比作一栋房子，那么这栋房子能够屹立多久，不完全由它的建筑材料决定，也由它的建筑结构决定。也就是说，一个公司能够走多快走多久，不完全由它的人才、战略等决定，也由它的顶层架构设计决定。

其实，我们所讲述的顶层架构设计就是由谁来掌握公司控制权。而公司创始人想要保住自己的控制地位，首先就要掌握公司控制权的核心，从而构建公司的治理结构和制定决策机制。

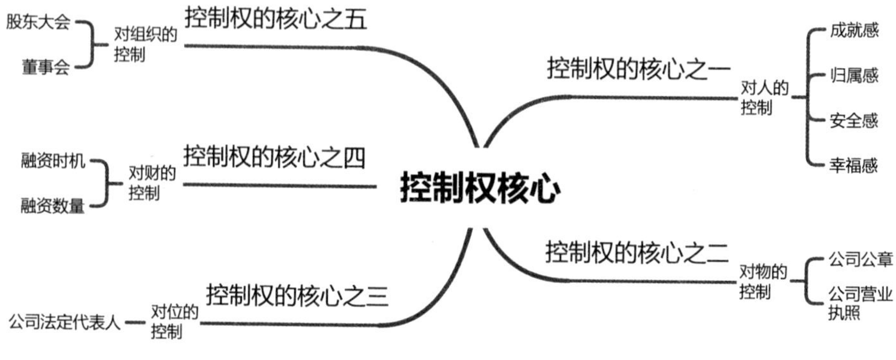


图1-4　控制权核心

### 1.控制权的核心之一：对人的控制

对人的控制主要是指对人才的吸引，尤其是对核心管理人员的激励。而想要做到吸引和激励，离不开“四感”，即成就感、归属感、安全感、幸福感。做到这几点也就是钱给到位了，让对方心里不委屈了，因此他们才会愿意听从、愿意跟随，才会积极地维护你的权力，帮助你做出正确的决策。

### 2.控制权的核心之二：对物的控制

对物的控制主要是指将公司的公章和营业执照牢牢握在手中。要知道，任何一份合同或者协议，如果没有加盖公司公章，就如同一张废纸，毫无法律效力可言。而公司的营业执照就犹如每个人的身份证一样，可以在很多场合中做出有力的证明，是一种合法身份的象征。

然而，法律法规中并没有明确规定公司的公章和营业执照的所属权归于谁，而是完全由公司自行决定处理。因此，如果能掌握公司的公章和营业执照也就等于在一定程度上拥有了决策权和代表权。

### 3.控制权的核心之三：对位的控制

对位的控制主要是指占据公司法定代表人的位置。因为从法律法规层面来说，对于法定代表人可以行使的权利基本做出了明确的规定，所以法定代表人的行为不仅是有法律保障的职务行为，而且直接代表着公司，甚至因此造成的某些损失也将有公司承担，而不是个人。

举一个很简单的例子。如果有一份合同需要签字，那么只有法定代表人的签字才具有法律效力。如果公司创始人不是法定代表人，即便是公司的控股股东，也很难直接拥有公司的控制权。

而且，变更公司法定代表人是由公司自行决定的，因为法律法规中对此没有明确规定，这也就为控制法定代表人的职位埋下了伏笔。例如，依据《公司法》第十三条规定：“公司法定代表人依照公司章程的规定，由董事长、执行董事或者经理担任，并依法登记。公司法定代表人变更，应当办理变更登记。”《企业法人法定代表人登记管理规定》第六条规定：“企业法人申请办理法定代表人变更登记，应当向原企业登记机关提交下列文件：（一）对企业原法定代表人的免职文件；（二）对企业新任法定代表人的任职文件；（三）由原法定代表人或者拟任法定代表人签署的变更登记申请书。”

### 4.控制权的核心之四：对财的控制

对财的控制主要是指公司在后期发展中通常需要通过资本的

介入才能继续发展壮大，而公司创始人需要掌握融资的度，做出合理的平衡，不能因此被无限制地稀释股权。

一般而言，公司创始人需要对公司的每个发展阶段做出正确的判断或者估值，明白公司发展到什么阶段需要多少资金，明白稀释多少股权才能够激励投资者。

### 5.控制权的核心之五：对组织的控制

图1-5　公司组织阶梯图

对组织的控制主要包括两个方面：一是对股东大会的控制，二是对董事会的控制。根据《公司法》的相关规定，股东大会是股份公司的最高权力机关，它由全体股东组成，对公司重大事项进行决策，有权选任和解除董事，并对公司的经营管理有广泛的决定权。而且在表决数量上也做出了明确规定，必须有二分之一以上多数表决权通过，才能确定执行某普通事项；必须有三分之二以上表决权通过，才能执行如修改公司章程等重大事项。所以，只有尽可能多地掌握控股权，才能对股东大会的决策构成影响。

然而，由于法律法规对于股东大会的召开做出了规定，除了“在出现公司未弥补的亏损达实收股本总额三分之一时”等情况下，可以召开临时股东大会，一般为一年召开一次股东大会。基于此，公司创始人就要进一步控制董事会，因为根据《公司法》的相关规定，董事会拥有对内掌管公司事务、对外具有代表公司的经营决策和业务执行机构的权利。同时，董事会具有控制董事的提名和罢免的权利。要知道，这种权利间接等于公司控制权，所以公司创始人可以将自己信任的股东安排到董事会中，借此控制董事会的大部分席位，从而达到控制公司的目的。

控制权之争从来不是某一个层面的角逐，也从来不是一个职位的争夺，而是综合资源的博弈。进入信息时代，公司控制权之争也出现了一系列新特点。面对新形势，迫切要求我们正视控制权之争的新变化、确立竞争新观念。

# 第二章

# 股权里的新大陆

## ——快刀斩乱麻

第一部《中国民营企业发展报告》曾针对中国中小企业的生存状况公布了一组调研数据，结果显示，国内98%的中小企业都活不过三年，平均寿命只有2.9年。于是，“第一年创业，第二年创富，第三年创死”的魔咒被牢牢压在了很多公司的头上。

其实，反观那些成功的公司往往是具有合理的、科学的股权架构设计，而死于魔咒下的公司更多的是没有设计股权架构，或者没有合理的股权架构。

# 股权的魅力究竟有多大

很多时候，一旦提及股权，很多人便会认为这只不过是一种为分享公司利益而设定的机制。殊不知，股权的存在不只是为了分红，甚至可以通过股权掌握公司控制权。

从法律法规层面来说，如果在公司章程或者其他协议中没有特殊约定的话，股权等同于公司控制权，只要取得了公司百分之百的股权，也就拥有了公司百分之百的控制权。如果股权掌握在公司创始人手中，公司最终就会受创始人的控制；如果股权掌握在投资人手中，那么公司最终就要受投资人的控制。

由此可见，股权不只是单纯地从公司获得经济利益，而是指包括分红权在内的，同时享有参与公司经营管理的权利。如果从广义层面来说，股权是指在公司设立时进行投资的股东，依据其投资份额确立的地位而享有的对公司主张的权利。从狭义层面来说，股权是指合资而成的公司中，均可成为股东的法人以及自然人依据其持有股票的比例而享有的相应权益以及担负相应责任的权利。从通俗层面来说，股权就是成为公司股东的法人以及自然人在公司中的投资份额，是影响其在公司内的话语权和控制权的核心因素，也是决定股东利益分享的重要依据。

图2-1　股权的定义

综合来讲，股权就是指投资人通过向公民合伙和向企业法人投资而享有的《公司法》规定的一切权利。

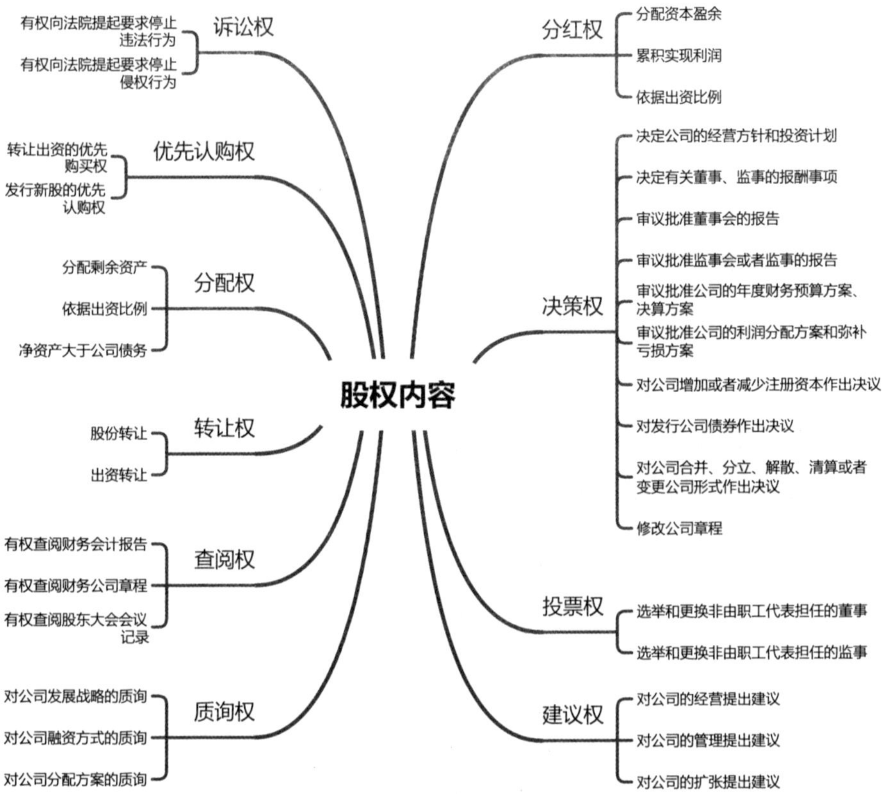


图2-2 《公司法》规定的股权内容

### 1.分红权

《公司法》第四条规定："公司股东依法享有资产收益、参与重大决策和选择管理者等权利。"其实，这也是公司每个股东都享有的最基本的权利，他们可以按照自己的出资比例分享公司盈余。然而，如果公司存在债务或者亏损，而公司盈利无法弥补亏损时，是不可以分配红利的，否则，将造成违法行为。这就要求红利分配的标准必须是公司偿还债务性亏损后积累下来的利润。

### 2.决策权

《公司法》第三十七条规定：“股东会行使下列职权：

（一）决定公司的经营方针和投资计划；

（二）选举和更换非由职工代表担任的董事、监事，决定有关董事、监事的报酬事项；

（三）审议批准董事会的报告；

（四）审议批准监事会或者监事的报告；

（五）审议批准公司的年度财务预算方案、决算方案；

（六）审议批准公司的利润分配方案和弥补亏损方案；

（七）对公司增加或者减少注册资本作出决议；

（八）对发行公司债券作出决议；

（九）对公司合并、分立、解散、清算或者变更公司形式作出决议；

（十）修改公司章程；

（十一）公司章程规定的其他职权。

对前款所列事项股东以书面形式一致表示同意的，可以不召开股东会会议，直接作出决定，并由全体股东在决定文件上签名、盖章。”

上述的这些权利并不是任何一个股东可以单独决定的，而是要求有一定比例的股东同时表示通过，而且每个股东以拥有的股权比例行使表决权。

### 3.投票权

《公司法》第一百零五条规定：“股东大会选举董事、监事，可以依照公司章程的规定或者股东大会的决议，实行累积投票制。

本法所称累积投票制，是指股东大会选举董事或者监事时，每一股份拥有与应选董事或者监事人数相同的表决权，股东拥有的表决权可以集中使用。”

在公司制组织中，公司的经营与管理通常是由董事会进行决策与实施的，而董事会成员的提名与任命却是由股东大会投票选举产生的。也就是说，股东控制董事，董事控制公司，股东是通过董事间接控制公司。

### 4.建议权

《公司法》第九十七条规定：“股东有权查阅公司章程、股东名册、公司债券存根、股东大会会议记录、董事会会议决议、监事会会议决议、财务会计报告，对公司的经营提出建议或者质询。”在公司经营管理与扩张过程中，虽然股东不直接参与管理决策，但可以针对相关经营方案、管理措施、扩张战略等提出合理的建议。

### 5.质询权

《公司法》第一百五十条规定：“股东会或者股东大会要求董事、监事、高级管理人员列席会议的，董事、监事、高级管理人员应当列席并接受股东的质询。”

通常是在公司发展战略的制定、融资方案的实施、红利分配方案的执行方面，股东可以针对存在的一些问题或者疑虑进行质询，董事、监事、高级管理人员必须就股东提出的质疑如实进行回答。

### 6.查阅权

《公司法》第九十七条规定：“股东有权查阅公司章程、股东名册、公司债券存根、股东大会会议记录、董事会会议决议、监事会会议决议、财务会计报告，对公司的经营提出建议或者质询。”

如果股东在行使查阅权过程中发现相关被查阅文件或者资料存在可疑之处，也可以同时行使质询权。

### 7.转让权

《公司法》第一百三十七条规定："股东持有的股份可以依法转让。"但《公司法》第一百四十一条规定："发起人持有的本公司股份，自公司成立之日起一年内不得转让。公司公开发行股份前已发行的股份，自公司股票在证券交易所上市交易之日起一年内不得转让。"

虽然《公司法》对发起人转让股份做出了一定的时间限制，但是原则上，只要是股东都具有股份转让的权利，只是时间早晚的问题。

### 8.分配权

《公司法》第一百八十六条规定："清算组在清理公司财产、编制资产负债表和财产清单后，应当制定清算方案，并报股东会、股东大会或者人民法院确认。

公司财产在分别支付清算费用、职工的工资、社会保险费用和法定补偿金，缴纳所欠税款，清偿公司债务后的剩余财产，有限责任公司按照股东的出资比例分配，股份有限公司按照股东持有的股份比例分配。"

需要注意的是，股东拥有的分配权与分红权不一样，分配权只是针对公司破产清算后的剩余财产按照出资比例或者持股比例进行分配。

### 9.优先认购权

《公司法》第七十一条规定："经股东同意转让的股权，在同等条件下，其他股东有优先购买权。两个以上股东主张行使优先购买权的，协商确定各自的购买比例；协商不成的，按照转让时各自的出资比例行使优先购买权。"

对于公司创始人来说，作为公司股东同样拥有优先购买权，当自身持有的股权数量较少时，就可以通过这一权利增加股权数量，提高掌握公司控制权的概率。

### 10.诉讼权

《公司法》第一百五十一条规定："董事、高级管理人员有本法第一百四十九条规定的情形的，有限责任公司的股东、股份有限公司连续一百八十日以上单独或者合计持有公司百分之一以上股份的股东，可以书面请求监事会或者不设监事会的有限责任公司的监事向人民法院提起诉讼；监事有本法第一百四十九条规定的情形的，前述股东可以书面请求董事会或者不设董事会的有限责任公司的执行董事向人民法院提起诉讼。

监事会、不设监事会的有限责任公司的监事，或者董事会、执行董事收到前款规定的股东书面请求后拒绝提起诉讼，或者自收到请求之日起三十日内未提起诉讼，或者情况紧急、不立即提起诉讼将会使公司利益受到难以弥补的损害的，前款规定的股东有权为了公司的利益以自己的名义直接向人民法院提起诉讼。

他人侵犯公司合法权益，给公司造成损失的，本条第一款规定的股东可以依照前两款的规定向人民法院提起诉讼。”

同时，第一百五十二条也做出了明确规定：“董事、高级管理人员违反法律、行政法规或者公司章程的规定，损害股东利益的，股东可以向人民法院提起诉讼。”

诉讼权是指任何一个有效股东都可以在自身利益或者公司利益受到损害时，通过向法院提起诉讼的途径维护自身或者公司利益。

其实，如果按照不同的标准来划分，股权也可以分为不同的种类，而且每一种类型的股权又包含不同的内容。

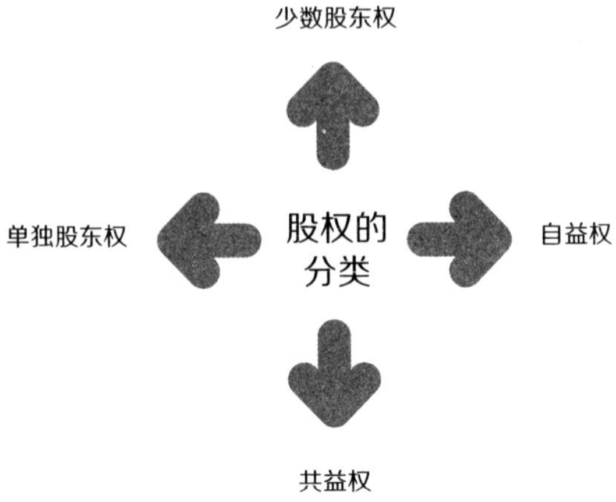


图2-3　股权的分类

1.如果按照股东行使权利想要达到的目的的不同进行划分，可以分为自益权和共益权。自益权是指股东行使权利的目的是为了维护自身利益，包括分红权、分配权、认购权；共益权是指股东行使权利想要达到的目的不仅是为了满足自身利益，同时也是为了保障公司利益，包括表决权、投票权等。

2.如果按照可以行使权利的股东数量的不同进行划分，可以分为单独股东权和少数股东权。单独股东权是指一人股东就可以行使的权利，包括分红权、分配权、认购权、诉讼权等；少数股东权是指必须达到一定股东数量才可以行使的权利，包括决策权、投票权等。

仅从《公司法》所规定的层面来说，公司的重大事项无不是通过基于股权的股东（会）进行决议的，维持对公司的股权就等于控制了整个公司。

# 股权里的“九条生命线”

如果根据持股比例的不同，那么股权的内容也会出现不同的变化，所以在股权设计中，通常将其划分为九种不同的股权比例，并形象地称其为“九条生命线”。

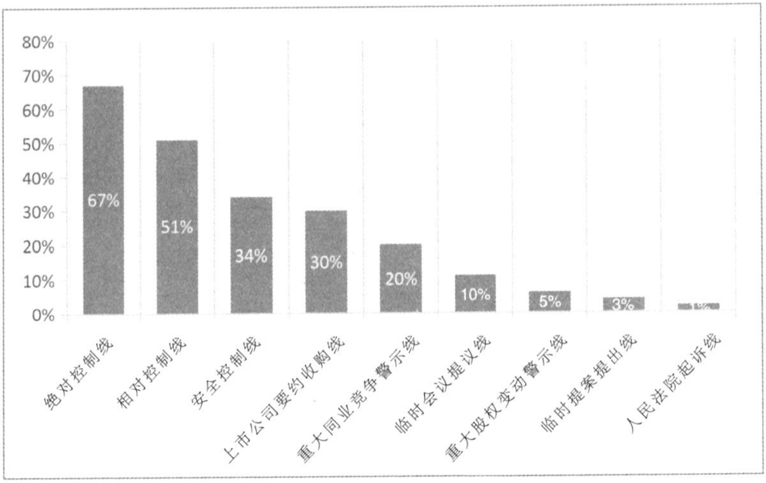


图2-4　九条生命线

### 1.绝对控制线——67%

绝对控制线是基于什么？为什么说拥有67%的股权就等于掌握了绝对控制权？

根据《公司法》第四十三条规定："股东会的议事方式和表决程序，除本法有规定的外，由公司章程规定。

股东会会议作出修改公司章程、增加或者减少注册资本的决议，以及公司合并、分立、解散或者变更公司形式的决议，必须经代表三分之二以上表决权的股东通过。"

由此可见，67%是取于三分之二的整数。因为《公司法》规定的是只要经代表三分之二以上表决权的股东通过就可以对公司的重大事项进行决策，而三分之二等于0.666666……也就是说其实66.7%或者66.67%、66.667%都可以看作绝对控制线。

然而，在这一条法律法规中还规定了"除本法有规定的外，由公司章程规定"，这就是说，如果公司章程中另有约定，那么绝对控制线将失去意义。

### 2.相对控制线——51%

根据《公司法》第一百零三条规定："股东出席股东大会会议，所持每一股份有一表决权。但是，公司持有的本公司股份没有表决权。

股东大会作出决议，必须经出席会议的股东所持表决权过半数通过。”

由于《公司法》在第四十三条中对股东会会议可以做出的重大事项决策进行了明确规定，而在第一百零三条中并没有明确规定，也就意味着必须经出席会议的股东所持表决权过半数通过的事项主要是一些简单事项的决策，比如聘请独立董事，选举董事、董事长，聘请审议机构，聘请会计师事务所，聘请或者解聘总经理等。所以，从可以决策的事项程度上来说，过半数也就是持有51%的股权所掌控的是相对控制权。

### 3.安全控制线——34%

为什么持有34%的股权就可以被称为安全控制线呢？这是因为34%与67%是相对的。打个比方，在决策公司重大事项时，A股东必须持有三分之二以上的股权才可以实现绝对控制；那么，也就是说如果A股东持有的股权低于67%，或者说B股东持有的股权超过三分之一，也就是34%，则A股东就无法实现绝对控制。

### 4.上市公司要约收购线——30%

根据《中华人民共和国证券法》（以下简称“证券法”）第六十五条第一款规定：“通过证券交易所的证券交易，投资者持有或者通过协议、其他安排与他人共同持有一个上市公司已发行的股份达到百分之三十时，继续进行收购的，应当依法向该上市公司所有股东发出收购上市公司全部或者部分股份的要约。”

这是法律法规层面给予上市公司的一种特有的权利，因为对于有限责任公司和未上市的公司来说，都无法获得这条法律法规的保障。而对于上市公司股东来说，只要满足所持股份达到30%的条件，就可以发出收购要约；如果成功收购股份达到67%，也就意味着在公司章程没有特殊约定的情况下，可以重新掌握公司的绝对控制权。

### 5.重大同业竞争警示线——20%

如果股东A既是B公司的控股股东，同时也是C公司的实际控制人，而且C公司的经营业务与B公司的经营业务相同，或者两家公司从事的是相似的业务，并且股东A持有B公司20%的股权，通常就可以参与B公司的普通事项的决策，甚至是重大事项的决策。

然而，从商业机密角度来说，由于C公司与B公司经营的是一样的或者近似的业务，两者之间就构成了竞争者的关系。如果股东A利用从B公司获得的经营决策信息调整C公司的经营战略，那么两者之间就会形成重大的同业竞争关系。

### 6.临时会议提议线——10%

根据《公司法》第三十九条规定："股东会会议分为定期会议和临时会议。

定期会议应当依照公司章程的规定按时召开。代表十分之一以上表决权的股东，三分之一以上的董事，监事会或者不设监事会的公司的监事提议召开临时会议的，应当召开临时会议。"

从这条法律法规中可以解读出一个关键词，即"强制性"。也就是说，在实践过程中，除了公司章程规定的定期召开的股东会会议之外，一旦公司出现某些急需商议的事项时，只要代表十分之一以上表决权的股东提议召开临时会议，就必须按时召开临时会议。

### 7.重大股权变动警示线——5%

根据《证券法》第八十条规定："发生可能对上市公司、股票在国务院批准的其他全国性证券交易场所交易的公司的股票交易价格产生较大影响的重大事件，投资者尚未得知时，公司应当立即将有关该重大事件的情况向国务院证券监督管理机构和证券交易场所报送临时报告，并予公告，说明事件的起因、目前的状态和可能产生的法律后果。

前款所称重大事件包括：（八）持有公司百分之五以上股份

的股东或者实际控制人持有股份或者控制公司的情况发生较大变化，公司的实际控制人及其控制的其他企业从事与公司相同或者相似业务的情况发生较大变化。”

而且第五十一条也有规定：“证券交易内幕信息的知情人包括：（二）持有公司百分之五以上股份的股东及其董事、监事、高级管理人员，公司的实际控制人及其董事、监事、高级管理人员。”

这也就是说，任何一个持有上市公司股权5%以上的股东，都有权在公司发生重大事项时，比如公司股票价格被某些股东刻意降低，公司有可能被恶意收购时，可以向法律机构进行报告，以维护公司和个人利益。

### 8.临时提案提出线——3%

根据《公司法》第一百零二条规定：“单独或者合计持有公司百分之三以上股份的股东，可以在股东大会召开十日前提出临时提案并书面提交董事会；董事会应当在收到提案后二日内通知其他股东，并将该临时提案提交股东大会审议。临时提案的内容应当属于股东大会职权范围，并有明确议题和具体决议事项。”

如果某个股东持有的公司股权不足3%，也可以联合其他股东，将彼此持有的股权相加大于3%，就可以进行临时提案。

### 9.人民法院起诉线——1%

根据《公司法》第一百五十一条规定："董事、高级管理人员有本法第一百四十九条规定的情形的，有限责任公司的股东、股份有限公司连续一百八十日以上单独或者合计持有公司百分之一以上股份的股东，可以书面请求监事会或者不设监事会的有限责任公司的监事向人民法院提起诉讼；监事有本法第一百四十九条规定的情形的，前述股东可以书面请求董事会或者不设董事会的有限责任公司的执行董事向人民法院提起诉讼。"

这一条法律法规意味着只要持有公司股权1%以上的股东，就可以对在执行公司职务时违反法律、行政法规或者公司章程规定的董事、监事、高级管理人员向人民法院提起诉讼，让违法者承担相应责任，维护公司利益。

熟知股权里的九条生命线，往往可以从中摸索到管理权、控制权之争的关键持股比例线，有助于对公司的进一步控制和发展。

# 小心股权“天花板”

如果将股权比作一种资源，不仅具有有限性，而且一旦放错了位置，就犹如垃圾，无用的同时甚至还会起到反作用。

换句话说，虽然股权制度按每个股东出资份额使其可以享有分红、参与重大决策和选择管理者等权利，但是只要触碰到了股权天花板，即设计和使用不合理，最终的结果只会将公司推向四分五裂的境地。

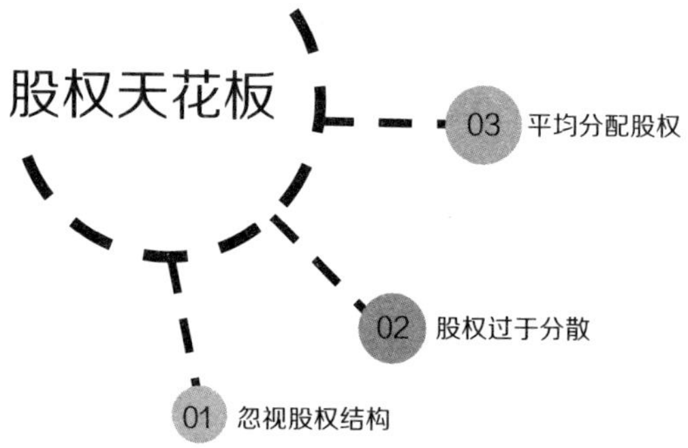


图2-5　股权天花板

### 1.忽视股权结构

如果公司创始人对于股权结构缺乏重视，那么公司发展得越快，做得越大，股东之间的作用、贡献、责任也会随之发生越大的差距，而股权结构也会出现更大的不合理现象。

比如一个200万的项目，A出资190万，占股90%，B出资10万，占股10%，但是需要B负责整个项目的运营与管理；当公司经过几年的发展，市值达到1000万时，可以说B付出的贡献是最大的，但是如果依然按照之前的持股比例进行利益分配，B显然是吃亏的，更是不情愿的，那么就会滋生矛盾。如果一家公司中控股股东较多，那么发生分歧的概率就会更大，而且将会严重影响公司的持续发展，因为众多股东无法统一有效决策，势必会导致战略执行滞后，最终将公司推向僵局。

### 2.股权过于分散

过度分散股权意味着直接放弃了公司控制权。同时，由于公司持股股东过多，而且缺乏实际控制人，进而就会增加召开股东会的难度，无法形成有效决议，公司的发展方向很难做出明确战略指引，大大降低了公司治理效率。

除此之外，由于股权过于分散，在后期引进人才时，已经不具备股权激励机制，也会为公司埋下隐患。而且，一旦某些股东联合起来，将各自持有的股权集中到某一个股东手中，那么公司创始人将彻底被赶出局。

### 3.平均分配股权

平均分配股权是指每个股东持有相同的股份比例，比如有两个股东，那么各自持有50%的股权；如果有4个股东，那么每个股东持有25%的股权；如果有5个股东，那么每个股东持有20%的股权。

平均分配股权很可能导致股东之间各自为政，因为大家持有的股权比例相等，都享有同样的话语权，所以在公司需要做出决策时，往往会出现意见无法统一的情况。

同时，平均分配股权也会使得各股东相互推卸责任，尤其是在公司需要有人承担责任时，没有人愿意站出来，大家纷纷选择逃避和放弃。一旦触及法律底线，整个公司将彻底陷入绝境。

所以，公司创始人需要利用好股权制度，把那些只看重短期利益的股东发展成为具有长期利益关系的合作伙伴，把那些拿多少钱办多少事的股东发展成为对待公司像对待自己的孩子一样，这才是真正意义上的通过股权掌控了公司。

股权架构设计的最终目的是帮助公司创始人掌控绝对控制权的同时，可以起到鼓励其他股东、维护公司稳定、避免稀释股权、助力公司上市等作用。

可以说，只有达到这种效果的股权架构模式才是完美的股权架构设计——可以将企业在不同的发展阶段需要的各种资源进行有效对接与整合，满足公司创始人、股东与公司的不同需求，从单赢走向共赢。

所以，公司创始人在设计股权架构的时候，不仅需要结合公司的组织类型、组织形式，从一元化走向多元化，而且也需要从静态设计走向动态设计。例如，我们在下面的章节中将要讲到的AB股模式等，就是一种二元化的股权架构设计。

# 第三章

# 有限合伙企业

## ——分钱不分权

如果有一种股权结构，可以让你出很少的钱，却可以持有最多的表决权，你是否相信？

事实上，无论你是否相信，只要你愿意，有限合伙制就可以帮你实现以更少的出资比例，拥有更多的表决权，甚至还让你获得多于出资比例的分红。

# 此“合伙”非彼“合伙”

自2007年6月1日起施行的新修订的《合伙法》中，对合伙的形式做了进一步补充，除了普通合伙之外，新增加了有限合伙，如《合伙法》第一章第二条规定：“本法所称合伙企业，是指自然人、法人和其他组织依照本法在中国境内设立的普通合伙企业和有限合伙企业。

普通合伙企业由普通合伙人组成，合伙人对合伙企业债务承担无限连带责任。本法对普通合伙人承担责任的形式有特别规定的，从其规定。

有限合伙企业由普通合伙人和有限合伙人组成，普通合伙人对合伙企业债务承担无限连带责任，有限合伙人以其认缴的出资额为限对合伙企业债务承担责任。”

《合伙法》通过新增有限合伙模式，不仅丰富了公司的组织形式，推动中国的公司类型进一步多样化，打破了传统的、机械化的、简单化的企业类型的束缚，填补了从独资企业到股份公司中间阶段的公司组织的空白，而且为不同市场主体的竞争提供了更多的机遇，甚至为市场投资者提供了更加丰富的投资渠道，充分满足了不同投资者对于不同投资目的、数量、形式的要求。

其实，有限合伙模式早已存在，而且最早起源于10世纪前后意大利商港的康曼达契约。由于当时的教会法统治着整个欧洲，而且对于当时的商业行为，尤其是投机行为异常仇视，很多商人为了防止被教会法打击和惩处，在商业经营过程中不得不将需要转运的商品以及交通工具和货款等委托给另一伙人去完成，并给予被委托人一定的利润作为报酬，所有的责任同样也由被委托人承担。由此形成的两伙人，一伙是委托人，一伙是被委托人，便是最早形式的有限合伙。

所以，有限合伙在中国属于舶来品。然而，从《合伙法》中对于有限合伙的规定来看，中国的有限合伙与美国的有限合伙如出一辙。美国法律上的有限合伙也是指根据相关法律规定成立的，拥有一名或一名以上普通合伙人和一名或一名以上的有限合伙人的合伙。普通合伙人负责公司管理经营并对合伙公司债务承担无限连带责任；有限合伙人则不参与合伙公司的经营与管理，对合伙公司债务仅以出资为限承担有限责任。

与此同时，我们通过《合伙法》也可以看出，虽然有限合伙是对普通合伙的一种补充，但两者之间也存在着本质的区别。

| 普通合伙与有限合伙的区别 | | |
|---|---|---|
| | 普通合伙 | 有限合伙 |
| 标明字样 | 普通合伙企业名称中应当标明“普通合伙”字样 | 有限合伙企业名称中应当标明“有限合伙”字样 |
| 组成人员 | 普通合伙人 | 普通合伙人和有限合伙人 |
| 设立条件（人数） | ≥2人 | 50人≥2人（其中必须有一名普通合伙人和一名有限合伙人） |
| 执行事务 | 合伙人均可执行合伙事务，也可以指派一人或者多人执行合伙事务 | 普通合伙人执行合伙事务，有限合伙人不执行合伙事务 |
| 转变条件 | 不存在转变关系 | 经全体合伙人一致同意，有限合伙人转变为普通合伙人的，对其作为有限合伙人期间有限合伙企业发生的债务承担无限连带责任；经全体合伙人一致同意，普通合伙人转变为有限合伙人的，对其作为普通合伙人期间合伙企业发生的债务承担无限连带责任 |
| 利润分配 | 合伙协议不得约定将全部利润分配给部分合伙人或者由部分合伙人承担全部亏损 | 有限合伙企业不得将全部利润分配给部分合伙人；但是，合伙协议另有约定的除外 |
| 经营业务 | 合伙人不得自营或者同他人合作经营与本合伙企业相竞争的业务；除合伙协议另有约定或者经全体合伙人一致同意外，合伙人不得同本合伙企业进行交易；合伙人不得从事损害本合伙企业利益的活动 | 有限合伙人可以同本有限合伙企业进行交易；有限合伙人可以自营或者同他人合作经营与本有限合伙企业相竞争的业务；但是，合伙协议另有约定的除外 |

图3-1　普通合伙与有限合伙的区别

有限合伙公司和普通合伙公司都属于合伙性质的公司，两者之间最大的不同就在于组成成员之间的区别。普通合伙公司是由普通合伙人组成，合伙人之间没有区分，除了相关法律法规规定的国有独资公司、国有企业、上市公司以及公益性的事业单位、社会团体不得成为普通合伙人之外，任何自然人都可以成为普通合伙公司的合伙人。有限合伙公司的合伙人则必须由一名或者一名以上的普通合伙人和一名或者一名以上的有限合伙人组成，而且普通合伙人和有限合伙人加起来的总人数不得超过50人。

我们做一个假设，可以对普通合伙与有限合伙之间的区别有一个更清晰的认知。假设有限合伙公司的组成成员中没有普通合伙人，那么这个有限合伙公司就不成立，而是一个有限公司；假设有限合伙公司的组成成员中没有有限合伙人，那么这个有限合伙公司也就是普通合伙公司。

除此之外，相对于普通合伙公司中任何一个合伙人都可以参与合伙公司的经营管理的特征，有限合伙公司中只允许普通合伙人参与合伙公司的经营管理，所以有限合伙公司中的普通合伙人也叫“管理合伙人”。有限合伙人除了出资之外，不参与合伙公司的经营管理。

一般而言，有限合伙人的出资比例会高达99%甚至更高，而普通合伙人的出资比例通常是1%甚至更低。这就导致有限合伙公司的利润分配机制与普通合伙公司的利润分配机制是不一样的。普通合伙公司按照合伙人的出资比例进行利润分配。有限合伙公司的利润分配机制中，有限合伙人虽然出资较多，但通常仅可以分得利润的80%左右；各有限合伙人之间可以再依据各自的出资比例进行利润分配；而普通合伙人由于负责合伙公司的执行事务，除了可以拿取所有管理资产的3%左右的管理费，还可以获得20%左右的利润分配。

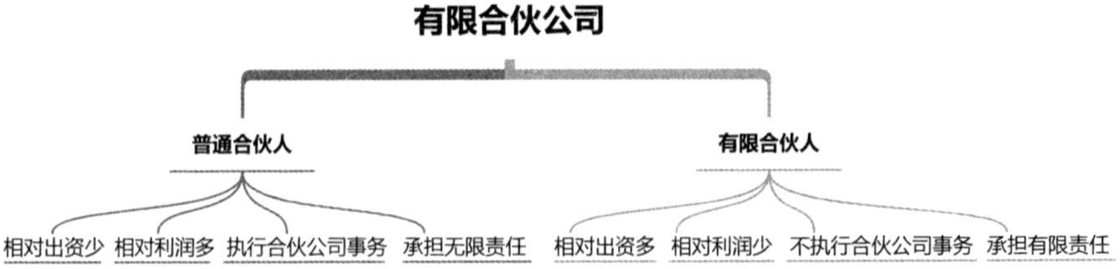


图3-2　普通合伙人与有限合伙人之间的区别

由此我们不难看出，不仅普通合伙公司与有限合伙公司之间存在着一些本质上的不同，即便是有限合伙公司的普通合伙人与有限合伙人之间也有利与权方面的严格区分。换句话说，有限合伙制是一种有效分离权利与义务的手段。

说得更通俗点就是，由于普通合伙人出资少需要承担无限连带责任，所以负责合伙公司的运营管理，当合伙公司出现亏损或者资不抵债的时候，要以个人资产进行补救；而有限合伙人只以出资额为限承担有限责任，不参与合伙公司管理，哪怕合伙公司倒闭，其损失至多是出资额无法收回而已。

其实，有限合伙制完全可以看作是一种以利换权，从而提升管理职位，变相实现控制公司的方式。

在这个雇佣制已经逝去的时代，如果说普通合伙是实现员工当老板梦想的激励跳板，那么有限合伙就是实现“老板永远是老板”目标的有力武器。

## 为控制权筑一道“防火墙”

有限合伙制在中国落地生根不过十几年时间，而且是作为一种新的公司形式存在，为什么会被广泛应用呢？

虽然有限合伙公司中的普通合伙人需要承担无限连带责任，但同时也只有普通合伙人可以代表合伙公司对外进行决策。如果公司创始人担任普通合伙人，就可以控制整个有限合伙公司，掌握控制权。

这就是有限合伙制之所以被广泛应用的魅力之一，即通过有效分离表决权与分红权、投票权与股权，实现了四两拨千斤的效果，让公司创始人轻松掌控了控制权。

假设A有一个好项目，想要和B共同出资成立一个公司，注册资本为100万，但由于A资金不足，只能拿出1.5万，剩余均由B出资。那么，A如何才能把控项目的进展呢？

无论A与B采用股份有限公司模式还是有限责任公司模式，A

都将受限于其出资额而无法得到公司的控制权。如果A与B成立有限合伙公司，并由A做普通合伙人，B做有限合伙人，那么A就可以持有实施项目的表决权。

其实，有限合伙制除了可以为控制权构筑一道坚不可摧的“防火墙”之外，还可以在很多方面带来积极作用。

图3-3 有限合伙公司运作优势

### 1.规避双重纳税

有限合伙公司与股份公司在个人所得税方面的缴纳基本是一致的，即按照国税函〔2001〕84号文件的规定，凡是获得公司因投资收益分配的股息和红利，如果是有限合伙公司，不并入合伙公司的收入，无须缴纳企业所得税；如果是股份公司，除持有股份公司公开发行股票不足12个月的情形外，为免税收入，只需要按照20%的税率缴纳个人所得税。

然而，如果是在股权转让的情况下，有限合伙公司相比股份公司则可以规避双重纳税。假设A为B公司投资了50万，如果B公司的股价每股1元，则A拥有B公司50万股。A持股两年后，以每股2元的价格卖出。

如果A所持股的公司是有限合伙公司，根据国家税务总局公告2014年第67号《股权转让所得个人所得税管理办法（试行）》规定，A只需要按照“先分后税”的原则缴纳个人所得税即可，而B公司无须缴纳企业所得税。

如果A所持股的公司是股份公司，不仅B公司需要缴纳企业所得说，而且A也需要按照税后分得的利润再次缴纳个人所得税。

### 2.获得双重收益

由于有限合伙制明确了普通合伙人与有限合伙人的权利和义务，在一定程度上降低了有限合伙人的投资风险，从而可以放心大胆地将资金交由普通合伙人决策，这对普通合伙人而言无疑是一种激励。同时，普通合伙人因为负责合伙公司的主要事务，不仅会因此获得一定的管理费用，如果其决策正确，在为有限合伙人带来收益时，也会按照一定的比例获得收益提成。

### 3.提高运作效率

有限合伙公司中将决策权集中在了普通合伙人手中，所以在做出一项决定的时候，往往会比需要经过董事会决议、股东会决议等才能最终做出决策的公司制企业更加灵活、高效。这样的模式既可以放大普通合伙人的管理价值，也可以降低烦琐的决策流程产生的时间成本和金钱成本。

#### 4.降低投资风险

普通合伙人与有限合伙人之间可以自行约定相关协议，如对于各自的出资往往会制定“承诺出资”制度，这就给彼此的资金带来了充分的保障。为了避免盲目投资带来的风险，一方面要尽量选择好的、回报较高的项目进行出资。另一方面，如果合伙协议中没有特殊约定，而且有限合伙人提前三十日通知了其他合伙人，那么有限合伙人可以将其在有限合伙企业中的财产份额出质，而且可以按照合伙协议的约定向合伙人以外的人转让其在有限合伙企业中的财产份额。其实，这也是一种便捷的退出通道，尤其是当预示到公司项目缺少保障时，可以抽出所投资金，从而保障资金安全。

实际上，无论有限合伙制可以带来多少积极作用，都是围绕“普通合伙人享有表决权”这一核心展开的。而且，在实践过程中，普通合伙人不会很多，一般是1至2个普通合伙人，这也就为公司创始人掌握控制权提供了便利条件，降低了竞争风险。

简而言之，想要获得公司控制权，搭建有限合伙持股平台就犹如为表决权构筑了一道坚固的“防火墙”。

# 多层级有限合伙持股平台的构建

古希腊物理学家阿基米德有一句家喻户晓的名言：“给我一个支点，我就能撬起整个地球。”

这句名言的核心其实不是支点，而是突出了杠杆作用。对于有限合伙公司来说，就是通过有限合伙制这个支点撬动了更大的资源。比如，有限合伙公司的普通合伙人往往只需要出资1%就可以管理99%的外部资金，同时还能牢牢把握公司的控制权，甚至可以获得数倍于出资额的收益。

不得不说，当成立一家公司时，采用有限合伙制，并协议约定担任普通合伙人，无疑可以快速且直接地掌握控制权。然而，这只是通过有限合伙制构建持股平台的最简单的方式，可以称之为“单层级有限合伙持股平台”，这种方式多适用于初创公司、规模较小的公司以及股权架构较简单的公司。

那么，对于中大型公司来说，又应该如何构建有限合伙持股平台呢？众所周知，华为技术有限公司（以下简称“华为”）创始人兼总裁任正非仅持有华为1.01%的股权，那么他如何才能做到完全控制华为呢？

持有华为股权最多的是华为投资控股有限公司工会委员会（以下简称“华为工会”），所持股份高达98.99%，而任正非与华为工会同属于华为投资控股有限公司。

那么，我们以有限合伙制做个假设：任正非与华为工会共同出资成立华为投资控股有限合伙公司，由任正非担任普通合伙人，华为工会担任有限合伙人，则任正非就可以通过控制华为投资控股有限合伙公司进而控制华为工会，再间接控制华为。

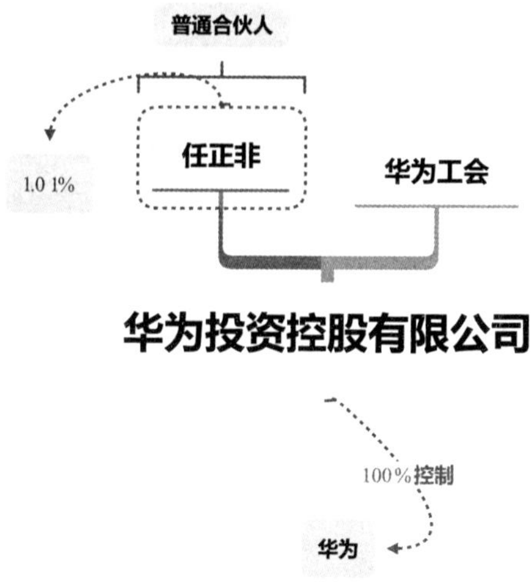


图3-4　任正非控制华为假设性持股平台

这种有限合伙持股平台相对单层级有限合伙持股平台又复杂了一步，适用于在公司发展过程中因为融资等原因，导致公司创始人股权被逐渐稀释的情况。

当然，根据公司发展的不同阶段，以及遇到的不同困境，其实也可以通过一系列有限合伙公司进行化解。对于这种模式，可以称之为“多层级有限合伙持股平台”。

我们不妨仍以华为和任正非为例，继续做一些假设。比如华为至今没有上市，很多人认为这是因为华为工会持股所致，究其原因，不无道理。

早在2000年12月11日，证监会便已下发了《关于职工持股会及工会能否作为上市公司股东的复函》的规定：“根据国务院《社会团体登记管理条例》和民政部《关于暂停对企业内部职工持股会进行社团法人登记的函》的精神，职工持股会属于单位内部团体，不再由民政部门登记管理；此前已登记的职工持股会暂不换发社团法人证书。”

言外之意是什么？职工持股会将无法以公司股东的身份出现，而且被取消了担任法人的资格。

而且在这项规定发布不到两年的时间，也就是于2002年11月5日，证监会法律部再次下发了《关于职工持股会或工会持股有关问题的说明》，就职工持股会或工会持股有关问题提出了明确的法律意见：“ 一、我会停止审批职工持股会及工会作为发起人或股东的公司的发行申请主要有两点考虑：

其一、防止发行人借职工持股会及工会的名义变相发行内部职工股，甚至演变成公开发行前的私募行为。

其二、在民政部门不再接受职工持股会的社团法人登记之后，职工持股会不再具备法人资格，不再具备成为上市公司股东及发起人的主体资格，而工会成为上市公司的股东与其设立和活动的宗旨不符。

二、我部认为，与发行申请人有关的工会或职工持股会持股的三种情形，建议分别处理：

1、对已上市公司而言，在受理其再融资申请时，应要求发行人的股东不存在职工持股会及工会，如存在的，应要求其按照法律部〔2000〕24号文要求规范。

2、对拟上市公司而言，受理其发行申请时，应要求发行人的股东不属于职工持股会及工会持股，同时，应要求发行人的实际控制人不属于职工持股会及工会持股。

3、对于工会或职工持股会持有拟上市公司或已上市公司的子公司股份的，可以不要求其清理。”

而华为早在1997年6月就已经对股权结构进行了调整，由员工通过工会持股取代了员工直接持股。这也就意味着从法律法规层面来说，华为如果不改变股权结构，根本无法上市。

那么，如何构建华为的持股平台，才能同时实现任正非拥有控制权和华为上市呢?

由于华为员工数量过于庞大，为了便于设计上市方案，我们假设华为工会持股人数为1470人，从而进行多层级有限合伙持股平台的构建。

首先，经股东会同意，由任正非与49名高层管理人员共同出资100万成立A投资管理有限合伙公司，任正非担任普通合伙人，其他49名高层管理人员担任有限合伙人。

其次，由A投资管理有限合伙公司担任普通合伙人，由华为工会中的任意49名持股人员担任有限合伙人，共同成立B投资管理有限合伙公司。以此类推，A投资管理有限合伙公司作为普通合伙人与华为工会中的任意49名持股人员作为有限合伙人，可以共同成立30家投资管理有限合伙公司，分别为C投资管理有限合伙公司、D投资管理有限合伙公司、E投资管理有限合伙公司……

再次，由A投资管理有限合伙公司担任普通合伙人，由上述从B投资管理有限合伙公司开始成立的30家投资管理有限合伙公司担任有限合伙人，共同成立Ⅰ投资有限合伙公司。同时，华为工会的所有资产、债权债务及其他一切权利义务将由Ⅰ投资有限合伙公司全权处理。

最后，由 I 投资有限合伙公司制定并执行上市计划等一切事务。

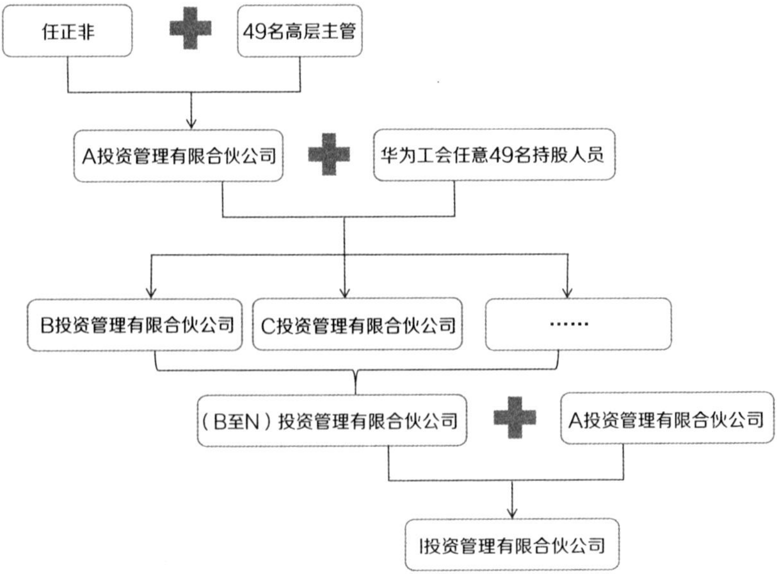


图3-5　假设性华为多层级有限合伙持股平台

如此一来，通过多层级有限合伙持股平台，不仅轻松化解了华为工会作为华为无法上市的障碍，而且任正非的控制权随着每一层级有限合伙持股平台的构建都在逐渐放大。

# 第四章

# AB 股的特许岁月

## ——取得压倒性胜利

为什么公司的控制权会关系到公司的生死存亡？

如何才能确保公司控制权被创始人或创始团队牢牢掌控？

如何才能避免公司被资本市场中的“野蛮人”恶意收购？

如何才能彻底留住公司控股股东，从而降低内部管理风险？

…………

所有问题的答案似乎都隐藏在AB股股权架构设计中。

# AB 股设计的核心

AB股是什么？只是两种不同的股票吗？AB股究竟有什么魔力可以让Google、百度、Facebook、小米、Twitter、GroupOn、Zynga、京东等在上市前全部用它来设计股权架构？在中国证券市场上市可以采用AB股吗？

其实，早在20世纪20年代，AB股作为一种可以有效遏制恶意收购，从而保护创始人权益的方式已经在美国施行。遗憾的是，根据我国《公司法》第一百三十一条规定："国务院可以对公司发行本法规定以外的其他种类的股份，另行作出规定。"换句话说，无论是什么类型的股票，在中国的法律法规中的性质都没有区别，即便是上海证券交易所和深圳证券交易所里的AB股也只是以交易的币种不同进行的划分。

例如，上海证券交易所和深圳证券交易所中的A股都是指用人民币交易的股票，而上海证券交易所中的B股是指用美元交易的股票，深圳证券交易所中的B股是指用港币交易的股票。

当然，两个证券交易所中的AB股除了交易币种不同之外，也存在很多其他不同之处，但都不是真正意义上的AB股。

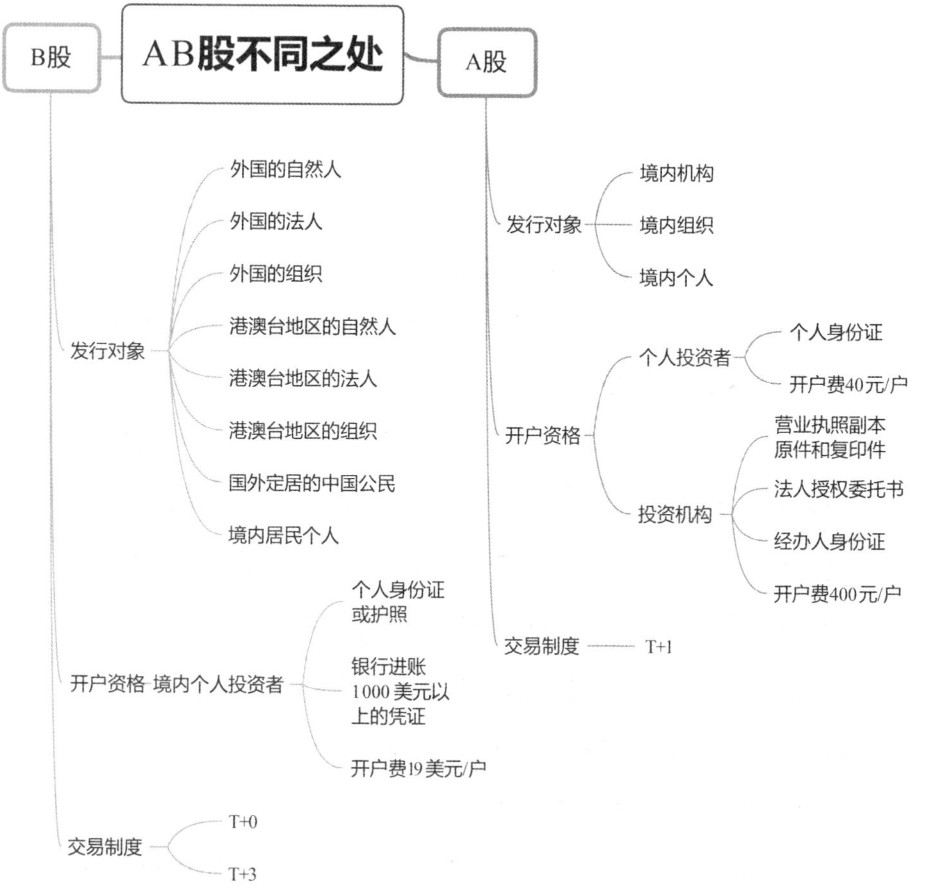


图4-1　中国证券市场中的AB股对比

这是不是就意味着中国的公司无法设置真正的AB股股权架构呢？答案当然是否定的。

因为早在20世纪70年代，香港证券交易所就已经盛行AB股制度，只不过迫于市场环境遭到了各种因素的破坏，不得不采取了禁止措施。但是截至2018年4月24日，也或许是因为阿里巴巴集团控股有限公司在香港证券交易所上市失败的打击，联交所正式发布了主板上市规则第119次修订《新主板上市规则》，并于2018年4月30日生效，预示着AB股制度获得了新生。

无独有偶。2019年3月1日，由上海证券交易所制定的《上海证券交易所科创板股票上市规则》，经中国证监会批准后正式予以发布，并自发布之日起施行。按照科创板规则，上市公司可以实施表决权差异安排，其实也就是所谓的AB股制度，而且对特别表决权股份的表决权数量做出了明确规定，即每份特别表决权股份的表决权数量应当相同，且不得超过每份普通股份的表决权数量的10倍。同时，它规定除公司章程规定的表决权差异外，普通股份与特别表决权股份具有的其他股东权利应当完全相同。

其实，除了选择在国内香港证券交易所和上海证券交易所科创板上市可以实现AB股股权架构外，也可以通过间接的方式设置AB股股权架构。例如，根据《公司法》的相关规定，有限责任公司可以在一些事项上做出特别约定，这就为设置AB股股权架构找到了契机。

但从公司性质上来说，虽然有限责任公司间接设置AB股股权架构的优势要强于股份公司，却弱于有限合伙公司。因为有限合伙公司具有天然的普通合伙人和有限合伙人，可以将其自然地分为持有A股股东的有限合伙人和持有B股股东的普通合伙人。

其实，无论是直接上市还是间接设置AB股股权架构，都必须以合法为基础，尤其是要掌握AB股设计的核心。

AB股制度也被称为“双重股权制度”，而且从上述内容中可以得知，AB股制度与《公司法》规定的“一股一权”制度有本质上的区别。AB股制度下，同一家公司可以发行A、B两种级别的股份。从股权性质上来讲，AB股制度属于一股多权，而通过AB股制度构建的股权架构就是一种可以有效剥离公司分红权与表决权从而实现牢牢控制公司的方式。

一般来说，构建AB股股权架构的公司，会在A、B两种股份的附带权益上做出明确区分。A股通常是由普通投资者持有，属于普通股份；B股通常是由公司的创始人抑或管理层持有，属于特殊股份。最关键的一点是，A股的投票权也就是表决权，要低于B股，这也这是AB股股权架构设计的核心。

举一个简单的例子，如果你拥有一家公司1000股的A类股票，你便拥有1000票的投票权。如果你拥有的是1000股的B类股票，那你所拥有的投票权就是1000乘以该公司规定的每一股B类股票拥有的投票权数，一般是A类股票投票权数的N倍。

综合而言，AB股股权架构设计的核心可以概括为以下几点：

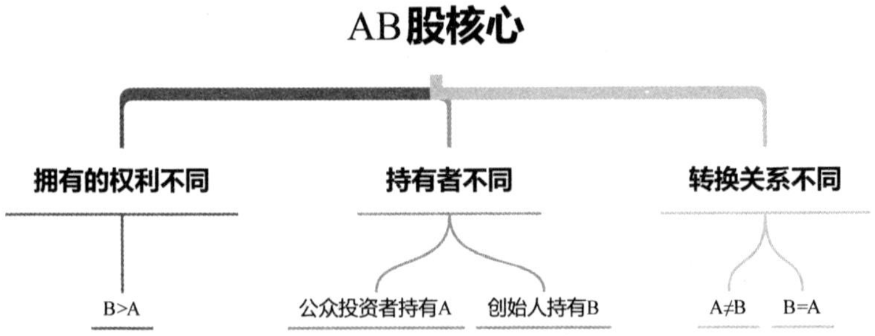


图4-2　AB股核心要素

## 1.所拥有的权利不同

在发行公司划分的A类普通股票和B类普通股票中，A类普通股票的投票权往往是1：1，而B类普通股票的投票权往往是1：N（7~10）。

## 2.持有者不同

按照发行AB股的最终目的，通常是由创始人、CEO、高管等持有拥有更多投票权的B类股份，而公众投资者持有的则是A类股份。

### 3.转换关系不同

一般发行AB股的公司都会做出特殊约定，即A类股份无论在什么样的情形下都不可以转换为B类股份，而B类股份在出现转让符合约定或者持有者出现离职的情况时，可以转换为A类股份，转换后投票权也会与A类股份相同。

AB股的核心作用就是帮助公司创始人拥有更多的投票权，进而可以确保对公司的控制权。

# 打破同股同权的平衡

《公司法》第一百零三条规定："股东出席股东大会会议，所持每一股份有一表决权。但是，公司持有的本公司股份没有表决权。股东大会作出决议，必须经出席会议的股东所持表决权过半数通过。但是，股东大会作出修改公司章程、增加或者减少注册资本的决议，以及公司合并、分立、解散或者变更公司形式的决议，必须经出席会议的股东所持表决权的三分之二以上通过。"

可见，依据现行《公司法》的规定，具有法律人格的公司，凡是出资的股东，都将持有公司的股权，相对来说出资越多持有的股权越多，出资越少持有的股权越少。但无论出资者持有的股权是多是少，一股对应一权，一股对应一票，这也就是所谓的"同股同权"。

通俗点来说，同股同权是指公司的所有出资者的法律地位是平等的，而且不同股东之间如果持有相同数量的股份，则他们所享有的权利也是对等的。同时，我们也可以延伸理解为，在公司股权没有优劣、高低、贵贱之分的前提下，谁拥有更多的股份，谁就享有更多的权利。

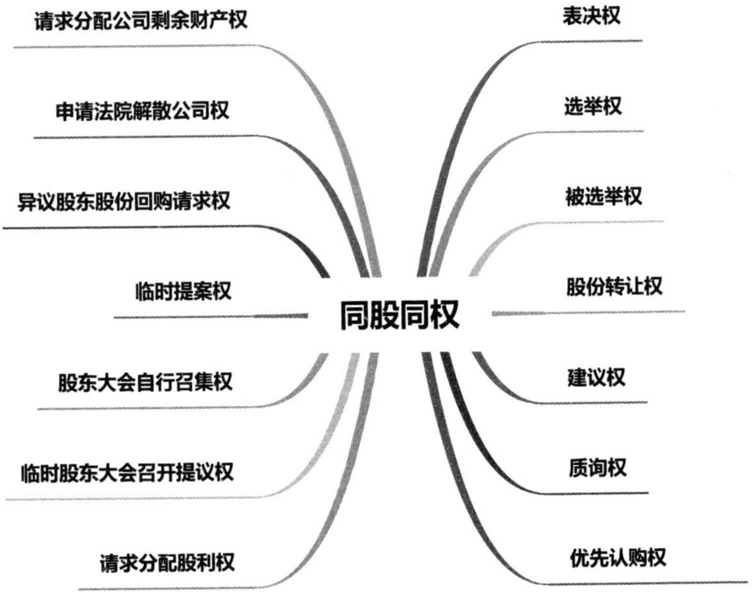


图4-3　法律法规下持有同等股份股东享有的权利

简而言之，同股同权是对股东在公司物权、债权和知识产权等之外的决策权方面享有的平等性做出的一种法律强调。

然而，这种平等性虽然在一定程度上保护了股东应该享有的权益，但也是击垮一家公司的有力武器。比如，一些周期长、投入大的创业公司，往往需要多频次、大金额的融资，但是其在不断引入投资者或者投资机构的过程中，由于同股同权，外来的投资者或者投资机构享有的公司股份会不断积聚，而且他们所享有的权利也会水涨船高。这会导致创始团队的股权慢慢被稀释，很容易在后续经营中被外来投资者或者投资机构绑架，最终彻底丧失公司控制权，被迫出局，对企业经营的稳定性造成严重影响。

基于此，中国的很多公司以及中国证券监督管理委员会（以下简称“证监会”）都在积极不断地寻找、尝试能够打破同股同权制度的同时，既能维护公司创始团队的权益，也可以保障中小股东权益的股权架构模式。

而AB股股权架构就是打破同股同权的平衡，作为同股同权的一个例外的存在。虽然在中国的具体实施过程中，以及在法律法规的规定中，它是以表决权差异安排的模式施行，但足以证明AB股股权架构的同股不同权模式获得了认可。

一个有力的证明是，优刻得科技股份有限公司（以下简称为“优刻得”）于2019年12月21日，终于获得了证监会允许其在科创板IPO。自此，优刻得正式成了第一家在科创板实施AB股股权架构的发行公司，并通过表决权差异安排，在其《招股说明书》中明确了公司的A类股份由公司的三位创始人（季昕华、莫显峰、华琨）持有，公司的B类股份则由公众投资者持有，而且每一A类股份拥有的表决权是B类股份拥有的表决权的5倍。

或许有人会认为AB股股权架构带来的表决权差异安排，是对股权平等原则的破坏，实则不然。因为表决权差异安排相比《公司法》的“同股同权”“一股一权”治理结构，除了对特别表决权进行了重新设置，将AB股所持有的权利做了区分之外，无论是持有A类股份的股东，还是公众股东，在其他权利方面依然是平等的。

那么，AB股股权架构究竟是如何打破同股同权的平衡的呢？难道只是因为发行公司设置了A类股份与B类股份，以及两者之间享有表决权的悬殊性吗？

不妨让我们一起回顾一下百度在线网络技术（北京）有限公司（以下简称“百度”）赴美上市后是如何防止被Google抢夺控制权的。

其实，在百度上市之前，一直采用的是同股同权的股权架构模式，所以Google在百度上市之前持有的自然也是百度的原始股。

但百度在美国成功上市后，首选的便是AB股股权架构，并在美国股市成功发行了A类和B类股票，同时在招股说明书中明确了A类和B类股票的持有者和权利分配制度，即公众投资者持有的是A类股票，每股投票权为1票；创始人持有的是B类股票，每股投票权为10票。

百度上市后，通过发行A类和B类股票形成的股权架构为：作为百度创始人之一的李彦宏拥有25.8%的股权，另一位创始人徐勇拥有8.2%的股权，还有公司的其他几位与李彦宏和徐勇属于同一战队的高管拥有3.7%的股权，且均为B类股票。

除此之外，Google作为原始投资人，同样拥有百度2.6%的股权，且持有的也是B类股票。然而，单从持股比例来说，Google持有的百度股权远远低于李彦宏个人的股权，而且李彦宏与徐勇以及其他高管的股权相加，持股比例高达37.7%。如果Google想要争夺百度的实际控制权，就需要从其他原始投资人手中大量收购原始股份，也就是B类股票。但根据百度招股说明书中的规定，一旦发生原始股份被收购行为，被收购的B类股票则立即转换为A类股票，而每股A类股票只有一票表决权。

按照这样的逻辑计算下来，Google必须付出巨额的代价才能实现收购百度的目的。显然，这是不现实的，也是根本实现不了的。

由此再次证明，同股不同权的股权架构只是打破了同股同权架构对于公司表决权的束缚。也就是说，由一股多票取代了一股一票。比如，某家公司发行A、B两种股票，公司创始人持有100股A类股票，一般股东或者员工股东持有100股B类股票，但是按照约定，公司创始人享有1000票投票权，而一般股东或者员工股东只有100票投票权，就是同股不同权。

现实中，有些公司是将A类股票分配给公司创始人，有些公司是将B类股票分配给创始人。无论是哪种形式，这种股权架构所起到的作用是不变的，都是为了帮助公司创始团队掌握实际控制权。

# 获得投票权的巨大推手

《公司法》第四十二条规定："股东会会议由股东按照出资比例行使表决权；但是，公司章程另有规定的除外。"

言外之意是什么？证监会已经对表决权差异安排表示了认可，也是进一步对公司创始人可通过章程约定公司采用同股不同权架构的认可。

无疑，法律层面的认可对于公司发行AB股是一种激励，但问题是只有成功设置AB股股权架构，才能真正让公司创始人获得更多的投票权，从而掌握公司控制权。

一般而言，成功发行的AB股中，公众投资者持有的A类（或者B类）股票属于交易类股票，可以上市流通；而公司创始人持有的B类（或者A类）股票属于非交易类股票，不可以上市流通。

从这个层面来说，AB股股权架构成功设置的前提是公司必须成功上市，为需要上市流通的A类（或者B类）股票打好基础。其实，我们也可以理解为公司上市就是公司创始人获得投票权的巨大推手。

以中国目前唯一可以发行AB股的两家交易所中的科创板（另外一家是香港证券交易所）为例，想要成功上市，首先要满足其核心要求与条件。

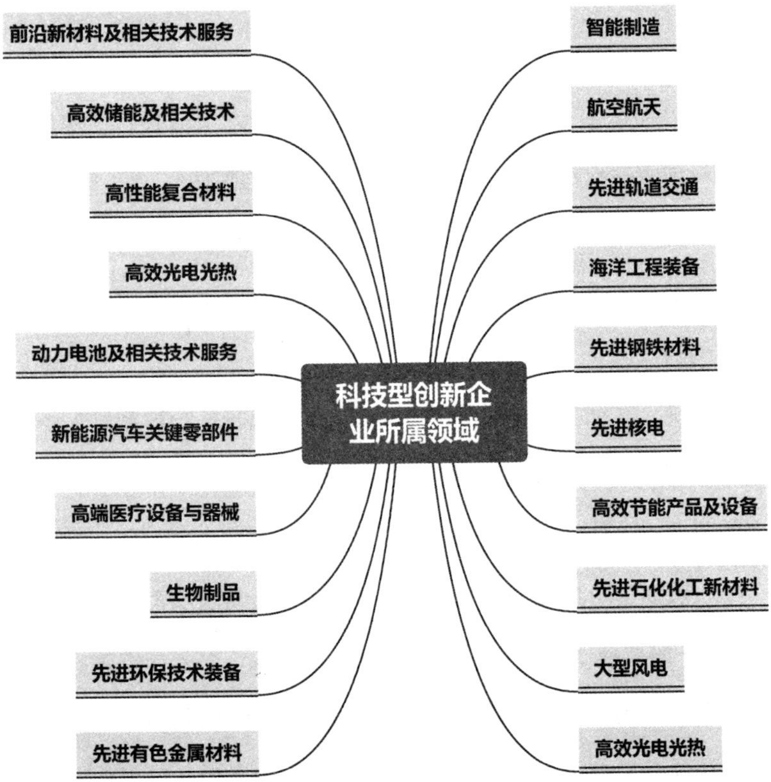


图4-4　科技型创新企业所属领域

### 1.公司所属领域

如果以主板对于上市公司的要求进行对比，科创板对于上市公司的要求相对比较宽松，即便是亏损企业也可以在科创板上市，但是科创板会优先选择、举荐科技型创新企业。

其实，科创板对于上市公司所属领域提出的要求，也是依据其自身定位制定的条件。只要符合国家战略，拥有关键核心技术，科技创新能力突出，且面向世界科技前沿、面向经济主战场、面向国家重大需求，主要依靠核心技术开展生产经营，具有稳定的商业模式，市场认可度高，社会形象良好，具有较强成长性的公司，均可以获得重点支持、重点推荐。

### 2.基础条件

除了科创板规定的国家产业政策明确抑制行业的公司，比如危害国家安全、公共安全、生态安全、生产安全、公众健康安全的公司不可以在科创板上市外，即便公司所处领域属于科创板优先支持与推荐的高端装备、新材料、新能源、大数据、云计算、人工智能等，一旦满足不了科创板要求的基本条件也就得不到上市的机会。

如果公司近两年的净利润没有达到5000万，不仅要满足预计公司市值大于等于10亿元的要求，同时也要满足公司的营业收入在最近1年内大于等于1亿元的条件。

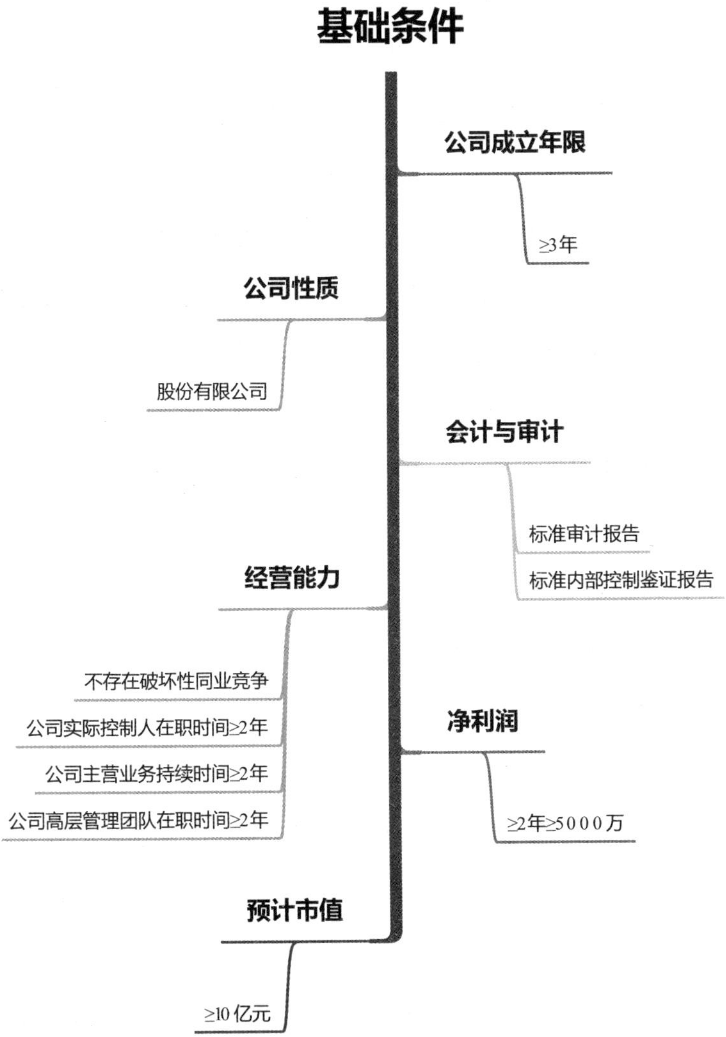


图4-5　科创板上市基础条件

与此同时，我们在上文中也提到了科创板允许亏损公司上市，那么这种不盈利的公司上市需要满足什么条件呢？

一般来说，亏损公司除了要满足科创板要求的公司性质、成立年限、会计与审计、经营能力之外，对预计公司的市值要求比较严格，必须满足大于15亿元小于40亿元的市值要求才可以上市。

### 3.核心要求

科创板对想要发行AB股的公司提出的要求，除了基本条件，以及预计市值必须大于等于100亿元，或者大于等于50亿元，但营业收入必须大于等于5亿元，其时限要大于等于1年外，还制定了更高、更严格的入市门槛。

当然，除了我们在这里讲到的在科创板上市需要满足的一些需要特别注意的要求，还有一些细节依然是不可忽略的，可以重点参考《上海证券交易所科创板股票上市规则》，从而实现成功上市，推动公司在获得充足的资金的同时，依然可以保障公司创始人手中的控制权不被稀释。

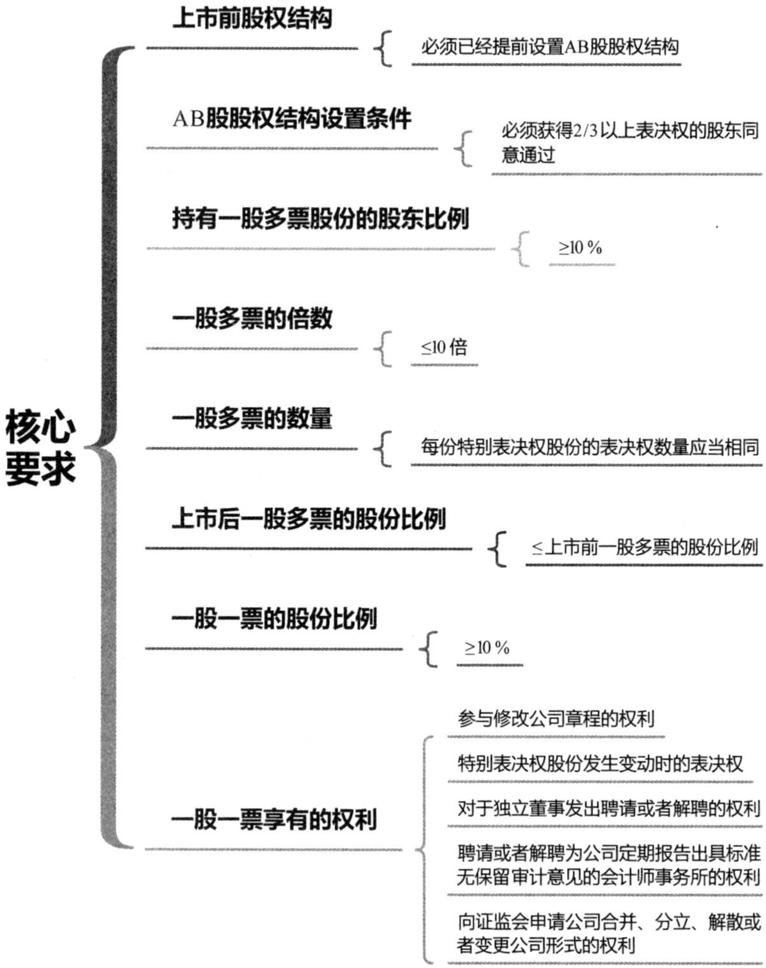


图4-6　科创板对发行AB股公司提出的核心要求

# AB 股制度的“天使面”与“魔鬼面”

就像没有谁可以永远只做正确的事情，也没有谁一生都将陷入错误的泥潭一样，AB股制度既有其让人追捧的“天使面”，也有让人敬而远之的“魔鬼面”。

这一点我们完全可以从香港证券交易所对于AB股的取舍行为上可见一斑。

因为AB股归根结底只是一种股权架构的设置方式、工具或者手段，所以其在实践过程中必然会有好有坏。

无论是从实施AB股制度已久的美国及美国公司的层面来看，还是从认可AB股制度不久的中国和中国公司的角度来说，AB股制度无疑在优化资本市场和公司治理机制方面都起到了有利的、积极的推动作用。尤其是对于发行AB股的公司而言，通过打破“同股同权”的平衡，成功将公司的分红权与表决权进行了分离，把控制权集中在了公司创始人手中，实现了对公司的有效控制。

这也是因为AB股制度往往是由公司创始人在极力推进，但任何一个有理想的、目标远大的、眼光长远的公司创始人之所以积极地设置AB股股权架构，绝对不仅仅是为了满足一己私欲，更多的是为了保障公司持续发展。所以，在这样的背景下推出的AB股制度，也能够带来更多层面的积极作用。

图4-7　AB股的积极作用

### 1.提高被收购成本

成功设置AB股股权架构后，假设每股A类股票只有1票表决权，每股B类股票有10票表决权，那么当公司出现被恶意收购的情况时，收购方的收购成本则会被成倍地放大。所以AB股机制是一种规避公司被恶意收购的有效手段。

### 2.拓展融资途径

当公司创始人充分掌握公司控制权后，便不会再有自身持有的股权被稀释的担忧，从而可以更加大胆、放心且不断寻找创新性的融资渠道，打破仅靠自身积累的资金发展企业的瓶颈，为公司发展注入更充足的“血液”。

### 3.提升核心竞争力

AB股机制除了可以消除公司创始人争夺控制权的后顾之忧，也会让公司创始人拥有更多的精力思考公司长远发展的问题。因为随着控制权的集中化，公司创始人不会再为了迎合其他股东，而将目光、精力等都放在如何获得更多的短期利益上面。

### 4.集中决策权利

一家公司在不断发展壮大的过程中，通常会随着融入资金的不断增多，投资者以及投资机构的不断增加，股权也会不断被分散，进而导致决策权化整为零。如果实施AB股机制，则是将公司决策权化零为整，集中决策权利，提高决策效率。

例如，小米科技有限责任公司采用AB股机制，主要是基于在公司战略决策方面所起到的推动作用。

如果将AB股机制的作用进行延伸，其集中控制权的作用也是为了让家族企业得到更好的传承。于1903年成立的美国福特汽车公司，便是依靠AB股股权架构持有公司6%的特别表决权股份，已经牢牢掌握公司控制权达100多年之久。

然而，如果是在公司创始人或者持有特别表决权股份的股东没有抱负、目光短浅的背景下推出AB股机制，一旦持有特别表决权股份的股东做出错误的发展战略决策，或者滥用权利，普通股股东也将成为“殉葬品”。

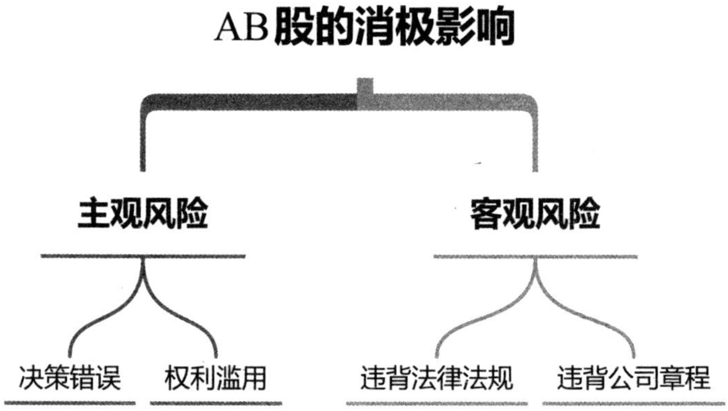


图4-8　AB股的消极影响

如果将持有特别表决权股份股东的决策错误、权利滥用看作是一种主观风险的话，那么无视、挑战法律法规或者钻法律法规的空子就是一种客观风险。

依据我国《公司法》第二十条规定：“公司股东应当遵守法律、行政法规和公司章程，依法行使股东权利，不得滥用股东权利损害公司或者其他股东的利益；不得滥用公司法人独立地位和股东有限责任损害公司债权人的利益。

公司股东滥用股东权利给公司或者其他股东造成损失的，应当依法承担赔偿责任。

公司股东滥用公司法人独立地位和股东有限责任，逃避债务，严重损害公司债权人利益的，应当对公司债务承担连带责任。”

同时，《公司法》第二十一条规定：“公司的控股股东、实际控制人、董事、监事、高级管理人员不得利用其关联关系损害公司利益。违反前款规定，给公司造成损失的，应当承担赔偿责任。”

实践过程中，为了防止出现主观风险和客观风险，应采用一些方式与持有特别表决权股份的股东形成制衡关系，以保证其行为决策具有合法性与正当性，从而规避道德风险和法律风险。例如，可以通过设立监督机制和机构，并在公司章程中对持有特别表决权股份的股东的权利做出具有公正性的明确约定，使公司朝着正确的方向发展的同时保障普通股股东的利益。

AB股制度是在公司发展中对股东之间进行权利博弈的一种体现。如果谁在实施过程中能够做到最大化的公平与公正，谁将看到AB股制度“天使般的笑脸”，否则，将看到AB股制度的“魔鬼面”。

# 刘强东如何取得 79.5% 的投票权

“如果不能控制这家企业（京东），我宁愿把它卖掉。”

究竟是什么原因可以让京东集团董事局主席兼首席执行官刘强东做出这种斩钉截铁的决定?

我们无法与刘强东来一次深度交流，从而了解其内心深处的真实想法，但20多年前发生在刘强东身上的一次失败的创业经历，无疑给他敲响了警钟。

1993年，已经读大二的刘强东或许是为了多学一门技能，也或许是为了实现当初他拿着亲戚凑来的500元离开家乡时许下的那个愿望——从此不再向家里再要一分钱，开始不分昼夜地学习电脑编程。

皇天不负有心人。不到一年的时间，刘强东已经可以熟练地操作编程软件了。同时，他也通过这门手艺赚到了第一桶金。

不得不承认，刘强东是一个懂得为自己创造机会的人。随着不断做兼职、做编程赚来的钱越来越多，刘强东也开始琢磨起了如何创业。恰在此时，学校附近的一家餐厅向外招租，刘强东得知后，便将辛苦赚来的钱全部拿出来盘下了这家餐厅。

遗憾的是，刘强东“餐饮连锁店”的梦想尚未实现，就被现实狠狠地打了一记耳光。餐厅开业不久，刘强东为了激励员工，不仅在物质上多次奖励，比如发放手表、提高工资、改善伙食、提高住宿条件等，而且在精神上也给予了空前的支持，比如通过放权的方式，让每一个岗位上的员工都有了成就感。

但正是因为这种放权，使得刘强东失去了对餐厅的控制，最终导致餐厅走向了倒闭。例如，餐厅采购员可以决定选择哪家供应商，可以决定以什么价格进行采购，而结果就是采购员与供应商狼狈为奸，采购员以高出市场同类货品的价格从供应商那里进货，之后再由供应商将差价返给采购员，甚至前台和后厨的师傅也都想尽办法中饱私囊。所以，仅仅营业两个月的餐厅不得不以亏损画上了句号。

对于刘强东来说，这次失败亏损的20多万元虽然可以通过以后的努力重新赚取，但无疑给他造成了很大的打击。

然而，无论这次的打击有多大，刘强东都没有气馁。从1998年租下中关村的一个小柜台，到2001年在全国各地开设十多家分公司，再到2004年年初正式上线京东多媒体网站，年底正式转型为京东电子商务公司（以下简称“京东”），都昭示着刘强东越挫越勇的精神。

当然，这几年的拼搏让刘强东对商业发展有了更多认知的同时，也对曾经的那个心理创伤有了更深刻的体会，让他对公司控制权产生了前所未有的渴望——绝对不能让多年前的失败经历重演。

随着京东发展的脚步越走越稳，规模越做越大，也迎来了几乎所有创业公司都绕不开的一个命题——融资。

戏剧性的是，刘强东带领京东融资的过程中，除了第一次融资后不久，就被投资者撤资之外，之后的多轮融资都是顺风顺水。无论是国际著名风险投资基金今日资本，还是亚洲著名投资银行家梁伯韬先生，抑或是深圳市腾讯计算机系统有限公司似乎都对刘强东以及他的京东青睐有加。截至2014年5月22日，即京东在美国纳斯达克证券交易所成功上市之前，已经顺利完成了6次融资。

表4-1 京东融资概况表

| 时间 | 投资方 | 投资金额 |
| --- | --- | --- |
| 2007年8月 | 今日资本 | 1000万美元 |
| 2009年1月 | 今日资本<br>雄牛资本<br>亚洲著名投资银行家梁伯韬先生 | 2100万美元 |
| 2011年4月 | 俄罗斯的DST<br>老虎基金等 | 15亿美元 |
| 2012年10月 | 安大略教师退休基金<br>老虎基金 | 3亿美元 |
| 2013年2月 | 加拿大安大略教师退休基金<br>沙特亿万富翁阿尔瓦利德王子控股的王国控股集团<br>京东主要股东 | 7亿美元 |
| 2014年3月10日 | 深圳市腾讯计算机系统有限公司 | 2.15亿美元 |

毫无疑问，经过多轮融资，刘强东已经拥有了充足的资本带领京东开疆拓土，但距离刘强东想要把京东打造成世界最大的自营式电商企业的目标还很遥远。而要实现整个梦想，必须上市。这就为刘强东无形中又制造了一个无法回避的命题，多轮融资已经将手中的控制权进行了稀释，如果上市发行股票势必会进一步分散手中的控制权，再加上曾经的那个“伤疤”依然历历在目，这就迫使刘强东不得不想办法在上市前就要将控制权牢牢掌握在手里。

于是，刘强东在2014年向美国纳斯达克递交招股书之前，通过AB股制度将京东的股权架构进行了重新设置。

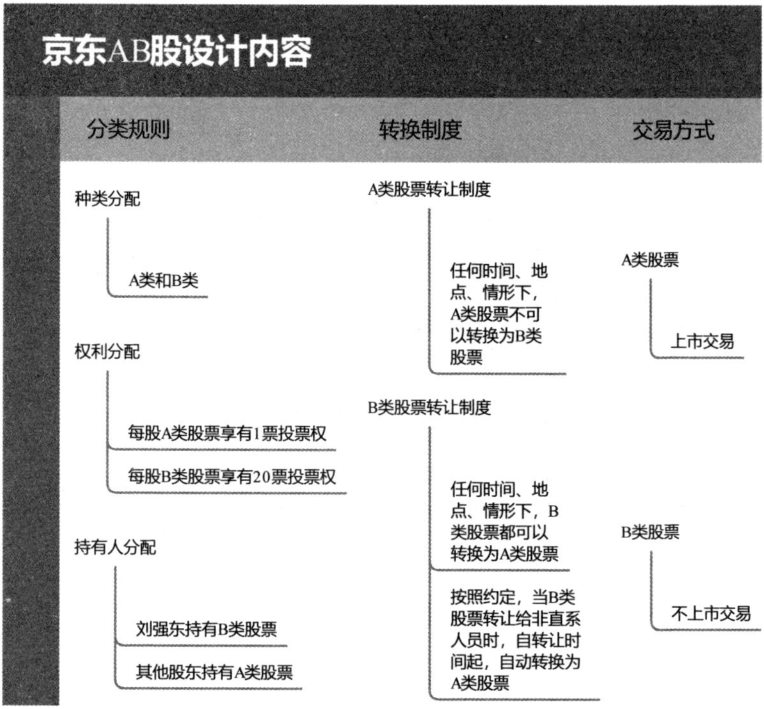


图4-9　京东AB股设计内容

2014年5月22日上午9点，刘强东面带微笑，健步走进美国纳斯达克证券交易所，随着上市钟被刘强东手中的鼓槌敲响的一刹那，京东的市值开始水涨船高，最终以较发行价上涨10%的20.90美元收盘，京东市值高达260亿美元。其实，在这个值得庆幸的时间节点上，刘强东收到的礼物远不止京东上市，还有京东A类股票上市交易后，B类股票为刘强东带来的“一股独大”的惊喜。

以京东2017年年报显示的数据为例，京东第一、二、三大股东持有的股权比例分别为腾讯18%、刘强东15.5%、沃尔玛10.1%。虽然刘强东持有的股权比例要低于腾讯，但是拥有79.5%的投票权。

由此，我们可以坚信，如果刘强东不想卖掉京东，任何人都无法从他的手中将京东夺走。

# 第五章

# 天堂里的优先股

## ——以退为进的争夺战

一家公司在发展过程中想要做大做强离不开资金的支持，而融资的首选方式无疑是上市，通过发行股票引入投资者。

在这一过程中，对于企业创始人而言，如果既能成功融资，也不会减少其持股比例，依然可以牢牢掌握公司的控制权，无疑是一举多得，而发行优先股所起到的效用便是如此。

# 优先股的华丽登场

回想2008年那场撼动世界经济的金融危机，处在飘摇中的美国是如何自救的呢?

当时正值小布什担任美国总统期间。为了提升美国的住房自有率，小布什似乎给每个美国人造了一个“大房梦”。于是，无数的美国人开始通过银行贷款购房，结果推升了美国的房价呈现出前所未有的上涨趋势。

在暴利的诱惑下，华尔街的银行好像失去了理性，不仅向信用等级高的客户放贷，也开始向信用等级次一级的客户放贷。这种行为的后果是，直接点燃了那些本就买不起房子者的希望，促使他们纷纷向银行借贷买房，忽略了自己究竟有没有偿还贷款的能力，甚至有些人完全忽视了这个问题。

然而，银行对于风险的把控还是有底线的，但不是缩小放贷，而是将风险进行了转嫁——通过向保险公司购买保险的形式，将风险转至保险公司。可以说，银行的如意算盘打得很彻底，有人接盘风险后，他们便有了更大的野心去赚取更多的暴利，发放更多的贷款。

当越来越多的次级客户获得贷款后，也就预示着美国的次贷危机越来越严重，直至房地产泡沫最终破裂后，次级用户是根本没有能力偿还高额房贷的。于是，次贷危机便成了压倒美国银行的最后一根稻草。

一时间，美国的整个金融系统被推到了悬崖边上，即便悬崖勒马也是为时已晚。当保险公司无法因为客户的违约赔付银行的损失时，银行的资金流量便会日渐缩水，直至破产倒闭。冉冉升起的恶性循环在美国金融界已经势不可当，尤其是随着雷曼兄弟宣告破产，美国股市出现了暴跌，信贷市场彻底走向了低谷。

虽然美国政府，以及各大银行，都是不允许美国的金融系统崩盘的，但彼此之间又各自算计。美联储和财政部已经到了不得不出资救市的地步，但各大银行担心的是如果接受政府的资金，就会失去绝对的控制权。所以，在这种明救暗斗的背景下，优先股成了最终的选择。

一个典型的案例是，花旗银行、摩根银行等多家银行全部采用了优先股的模式接受了美国政府1250亿美元的注资后，虽然美国政府成了这些银行的股东，但美国政府因为没有控制权，所以其想要这些银行拿到钱以后继续放贷，以化解次贷危机对信贷市场的冲击的目的在短时间内并没有实现。因为各大银行依然拥有绝对的控制权，所以得到资金后的首要行为是自救，不仅没有扩大放贷力度和范围，而是逐渐缩减。直至2009年，在美国政府不断通过优先股模式对金融市场注资的情况下，美国证券市场才逐渐得到了恢复，尤其是优先股模式得到普及后，美国股市创下了近70多年以来上扬幅度最大的纪录。

可以说，美国政府自导自演的“搬起石头砸自己的脚”的故事，除了充满戏剧性之外，更是让优先股再次华丽登场。

其实，早在16世纪的欧洲，优先股模式已经出现。当时，英国铁路建设正值资金缺乏阶段，可惜的是，原有股东似乎对英国铁路建设失去了信心，无一人愿意再次注资。这就导致英国铁路建设将走向两个极端，要么破产倒闭，要么被收购。这种局面无疑让英国铁路建设的创始人痛心不已，经过几个月的内心挣扎，最终开创性地提出了优先股融资模式，既为英国铁路建设补充了资金，也避免了被收购的风险。

无独有偶。美国铁路建设于19世纪30年代后，也遇到了类似英国铁路建设的资金问题，即使美国铁路建设不断扩股，依然无人问津。随后，美国铁路建设马上调整策略，沿用了英国铁路建设的优先股模式，不仅使得美国铁路起死回生，而且在铁路行业内得到了广泛应用。截至2020年，优先股模式已经渗透于美国各行各业，清算价值高达几千亿美元。

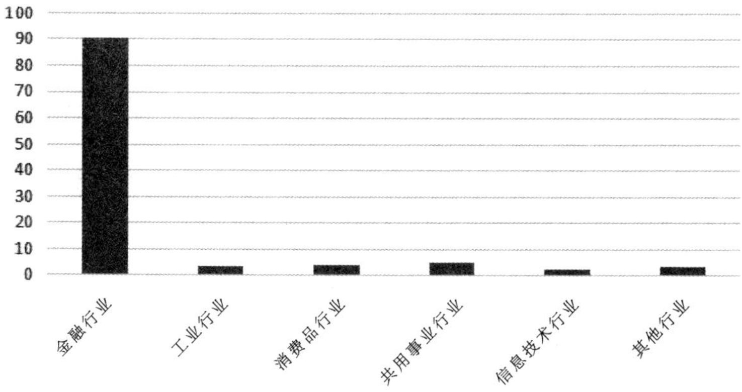


图5-1　美国优先股行业占比

毫无疑问，在成熟的证券市场，尤其是在西方一些国家，优先股已经被普遍采用，而且在其公司法中做出了明确的相关规定。

反观中国的优先股发展历程，可谓一波三折。20世纪80年代末90年代初，得益于股份制改革的大潮，中国已经引进了优先股模式。1993年，天目药业在上市之前因股本总额小于上市标准，不得不增扩了1890万股优先股，才于1993年8月成功上市。除此之外，当时具有代表性的发行优先股的公司还有深发展、金杯汽车等。

然而，好景不长，随着新《公司法》的出台，优先股模式没有被明确制定相关机制，失去了法律支撑的优先股模式在中国的发展也被告一段落。

截至2013年11月30日，随着国务院发布的《国务院关于开展优先股试点的指导意见》中重新给出的界定“开展优先股试点，有利于进一步深化企业股份制改革，为发行人提供灵活的直接融资工具，优化企业财务结构，推动企业兼并重组；有利于丰富证券品种，为股票投资者提供多元化的投资渠道，提高直接融资比重，促进资本市场稳定发展”，才让优先股重见曙光。

截至2020年年底，中国发行优先股的具有代表性的公司包括：浦发银行（600000)、农业银行（601288)、交通银行、平安银行（000001)、兴业银行（601166)、中信银行、华夏银行（600015)、民生银行（600016)、招商银行等。

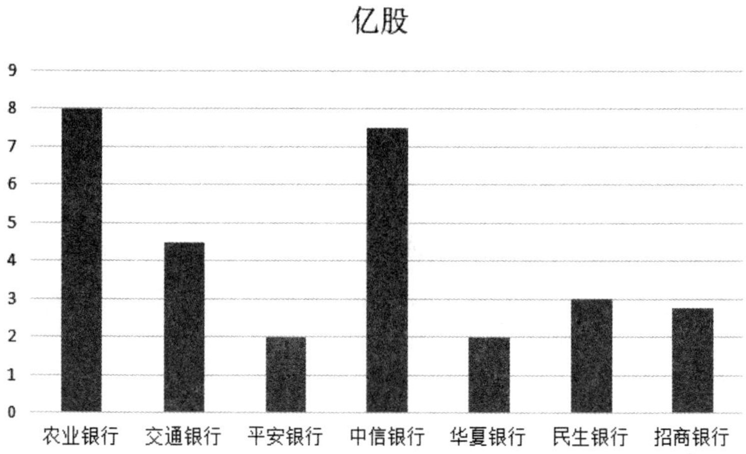


图5-2　各银行发行优先股数量

优先股已有几百年的发展历史，而且在历史长河中始终起着举足轻重的作用。无论是美国政府将其再次推上美国金融市场的舞台，还是中国证监会抱着“优化企业股权结构，解决一股独大问题”的愿望重新将其推上中国金融市场的舞台，优先股都是带着光环而来，华丽登场。

## 塞翁失马，财产权换表决权

塞翁失马，焉知非福。这句话作用于优先股再合适不过。

一家公司在发展过程中想要做大做强离不开资金的支持，而融资的首选方式无疑是上市，通过发行股票引入投资者。在这一过程中，对于企业创始人而言，如果既能成功融资，也不会减少其持股比例，依然可以牢牢掌握公司的控制权，无疑是一举多得，而发行优先股所起到的效用便是如此。

优先股与普通股相对，可以看作是对普通股的一种补充，具体是指持有优先股的投资者相比持有普通股的投资者享有优先分配公司资产和利润的权利，比如在利润分红、剩余财产分配以及公司资产清算方面，都排在普通股之前。

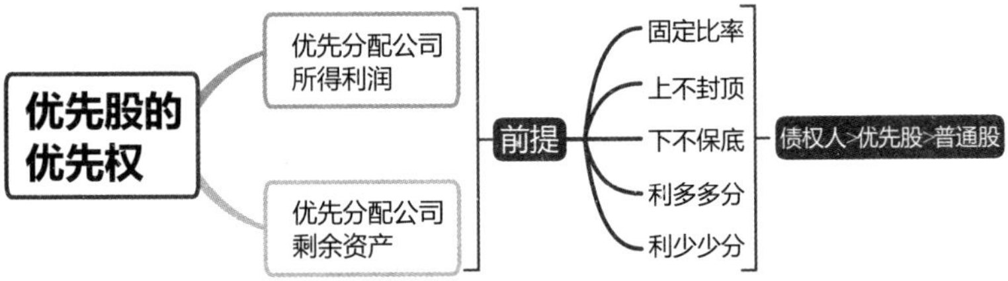


图5-3 优先股的优先权

从这种“优先”层面来说，公司创始人的确需要在财产权方面做出让步，需要按照事先约定好的股息率对持有优先股的投资者发放应得利润，但是公司创始人以此换来的却是持有优先股的投资者手中的表决权、选举权、参与权等。换句话说，持有优先股的投资者，只可以按照事先约定好的股息率拿到分红等，却不可以对公司的事务做出任何表决，也不可以参与公司的选举，甚至不可以参与公司的经营。

这种看似有所失，实际上却是一种更大的所得，以退为进的公司治理方式，往往可以使公司创始人在充分掌握公司控制权的同时，也能够成功融资。

相对于普通股来说，优先股对于投资者而言，具有确保投资人稳定的、长期的投资回报的特征；而对于公司而言，具有消除投资者顾虑、缩减投资风险的特征。尤其是在市场处于低迷状态时，或者公司处于危急时刻，通过发行优先股，可以起到降低投资风险、提高融资效率、稳定市场情绪的作用。

概括而言，优先股的作用主要表现为具有较高的安全性。

图5-4　优先股的作用

### 1.减轻财务负担

在法定债务中，由于优先股票的股利并不在发行公司必须偿付的义务范围内，所以当发行公司的财务状况紧张时，可以拒绝支付优先股的股利，减轻公司的财务负担。

然而，优先股减轻公司财务负担的作用也只是适用于公司财务状况恶化时，如果公司发展顺利，盈利可观，优先股反而会成为阻碍公司发展扩大的绊脚石。因为优先股是以固定股息进行分配，这就会使公司无法留下更多的经营利润，同时由于优先股票的股利无法作为所得税进行递减，所以在公司财务状况良好的情况下，优先股反而是公司财务和扩大再生产的一种负担，是需要公司创始人注意的。

### 2.降低财务风险

由于发行优先股募集的资金同样需要计入公司资本，可以用于公司的管理与经营发展，与普通股的性质基本相同，所以优先股也是计入公司股本的，进而使公司财务状况得到巩固，降低公司的举债风险。

### 3.防止恶意收购

优先股的核心作用是公司创始人通过其可以牢牢掌握公司的控制权，但这种控制权不仅包括公司内部控制权的争夺，也可以帮助公司创始人牢牢掌握公司外部控制权。

我们都知道，当一家公司在融资过程中，如果发行大量普通股，尤其是当公司创始人，也就是大股东的股权被严重稀释后，而获得大量公司股权的投资者或者机构，便有可能在不经过公司创始人允许的情况下，对公司实施收购行为。

这种恶意收购对于公司创始人而言无疑是致命的打击。而通过发行优先股，虽然在一定程度上也会稀释公司创始人的股权比例，但其带来的杠杠效应，同样可以稀释公司外部的股权比例，降低公司外部的控制权。

### 4.规避对赌风险

对赌协议在公司发展过程中经常出现，是指融资方与投资方对公司未来发展运营过程中的不确定情况自行约定的一种条款。也就是，一旦出现不确定情况，投资方或者融资方将按照约定的条件行使一定的权利。

例如，内蒙古蒙牛乳业（集团）股份有限公司曾在2003年至2006年期间与外资机构签订了一份对赌协议。约定条件为，内蒙古蒙牛乳业（集团）股份有限公司如果在此期间的业绩复合增长率低于50%，内蒙古蒙牛乳业（集团）股份有限公司的管理层则需要赔付外资机构7800万股蒙牛股票；相反，如果蒙牛乳业（集团）股份有限公司在此期间的业绩复合增长率高于50%，外资机构则需要以同等价值的股票赠予内蒙古蒙牛乳业（集团）股份有限公司的管理层。

由此可见，签订对赌协议的根本目的无外乎融资方想以更低的成本实现融资和快速发展，而投资方则是想以更稳妥的方式降低投资风险，保障投资收益。

然而，在中国证券市场的相关规定中，无论对赌协议以何种形式（上市时间对赌、股权对赌协议、业绩对赌协议、董事会一票否决权安排、企业清算优先受偿协议等）存在，必须清理干净，才被允许上市。这也是为了最大化保护中小投资者和公共投资者的权益。

所以，通过发行优先股的方式，既能降低融资方的融资成本，也能保障投资方的投资收益，同时也不会对中小投资者和公共投资者的权益带来影响，甚至有助于公司顺利上市。

发行优先股可以将对赌风险降至最低，因为其不仅让公司的融资结构得到了优化，而且让各方的权益得到了法律的保障。

《塞翁失马》本是一个循环往复，而且充满戏剧性的故事，但它所揭示的“祸兮福所倚，福兮祸所伏”的道理，在优先股身上再一次得到了验证。发行优先股，看似是损失了一部分财产权，但是换来的却是绝对的控制权。这一点在普通股的权利上也有所体现，比如持有普通股股票的投资者根据《公司法》的相关规定，可以委托代理人行使一定的权利，如果这种权利得到积聚，也会对公司创始人的控制权形成威胁，而发行一定数量的优先股，对代理权也是一种有效的稀释方式。

对于一家公司而言，控制权和财产权无疑是两种核心权益，配置得当则可以让公司的发展按照公司创始人的意志持续走下去，相反，往往会给别人做了嫁衣。

# 固有表决权与恢复表决权

通过发行优先股，是否就可以让公司创始人一劳永逸地紧握公司的控制权呢?

从优先股的发展程度来说，国外的优先股制度已经非常成熟，而且已经成为海外上市公司非常热衷的一种融资途径，甚至在中国香港也已发展得颇为成熟。但在中国内地的正式发展，却仅可以追溯到2013年的11月30日，也就是国务院以国发〔2013〕46号文件印发了《国务院关于开展优先股试点的指导意见》（以下简称“《指导意见》”）后，才标志着优先股制度在我国内地开始正式萌芽。

之后，又经历了半年之久，也就是截至证监会制定的《优先股试点管理办法》（以下简称“《试点管理办法》”）于2014年3月21日正式施行，才意味着优先股真正诞生，真正成了我国《公司法》规定的普通股的一种补充存在。

无论我国将这种在海外早已发展成熟的优先股引入的时间是早还是晚，也尽管只是作为试点，但《试点管理办法》的实施作为我国证券市场中的里程碑事件是毋庸置疑的，它推动了优先股模式的快速发展。尤其是根据《指导意见》和《试点管理办法》的规定，优先股作为普通股以外的“其他种类的股票”，其持有人拥有优先分配公司利润和剩余财产的权利，无法参与公司的决策与管理，为公司创始人掌握控制权提供了有力保障，但也不是绝对性质的。

因为根据《指导意见》和《试点管理办法》的规定，持有优先股股份的投资者参与公司决策管理等权利只是在一定情况下受到了限制。换句话说，如果公司或者持有优先股股份的投资者的行为打破了这种限制，持有优先股股份的投资者依然可以参与公司的决策管理，依然可以拥有表决权。

这是一个不可以被公司创始人忽略的问题。

根据《指导意见》和《试点管理办法》的相关规定，优先股持有者在某些情况下不止拥有一种表决权。

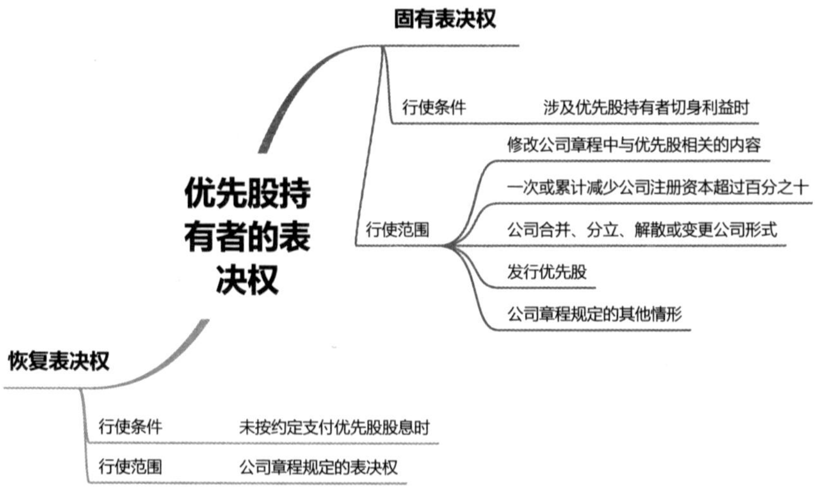


图5-5　优先股持有者的表决权

## 1.固有表决权

根据《指导意见》和《试点管理办法》的相关规定，如果发行优先股的公司在经营发展过程中的某些事项或者行为触及了优先股持有者的切身利益，优先股持有者可以行使一定的表决权。这种表决权是伴随购买优先股时就产生的，所以称为“固有表决权”。

当然，优先股持有者享有的这种固有表决权也不是完全由优先股持有者说了算。换句话说，优先股持有者享有的固有表决权也是作为整体表决权的部分权利存在。

例如，优先股持有者的固有表决权在对其可以行使的权利范围内的事项进行表决时，即便超过三分之二的优先股持有者表示通过或者不通过，但也必须经由出席会议的超过三分之二的普通股持有者作出相同的通过或者不通过的意见时，此项决议方可通过生效。这也是《指导意见》和《试点管理办法》做出的相关规定。

**2.恢复表决权**

当发行优先股的公司没有按照《指导意见》和《试点管理办法》规定的在累计三个会计年度或连续两个会计年度支付优先股持有者应得利润时，优先股持有者所享有的公司章程规定的表决权称为“恢复表决权”。

然而，恢复表决权不是一成不变的，而是完全可以由发行优先股的公司进行把控，取决于发行优先股的公司何时将优先股股息全部支付。

相对于恢复表决权只要发行优先股的公司全额支付优先股股息就可以终止优先股持有者的表决权而言，固有表决权则是一直存在的。需要公司创始人注意的是，只有维护好优先股持有者的切身利益，才能防止固有表决权对公司控制权的影响。

# 如何设计有优先股参与的公司股权架构

在公司发展壮大的过程中，几乎所有的创始人都有一个共同的担忧，一边希望通过股权分配为公司增加动力，一边又担心丧失公司的控制权而不敢分权。

其实，分股不一定就要分权，尤其是发行优先股，就是分股不分权的典型方式。

那么，如何设计有优先股参与的公司股权架构呢？换句话说，如何才能成功发行优先股呢？

## 1.确定发行主体

可以发行优先股的主体包括上市公司和非上市公众公司。上市公司属于股份有限公司的一种，是指经过国务院或者国务院授权的证券管理部门批准的所公开发行的股票可以在证券交易所上市交易的股份有限公司。非上市公众公司是指其股票已经向累计超过200人的特定对象发行或者转让，亦或者其股票可以公开转让，但并没有在证券交易所上市交易的公司。

### 2.满足发行条件

并不是每一个上市公司或者非上市公众公司都可以发行优先股，只有在满足一定条件下才能成功发行优先股。

例如，《试点管理办法》第三章第一节的一般规定为：“上市公司应当与控股股东或实际控制人的人员、资产、财务分开，机构、业务独立。

上市公司内部控制制度健全，能够有效保证公司运行效率、合法合规和财务报告的可靠性，内部控制的有效性应当不存在重大缺陷。

上市公司发行优先股，最近三个会计年度实现的年均可分配利润应当不少于优先股一年的股息。

上市公司最近三年现金分红情况应当符合公司章程及中国证监会的有关监管规定。

上市公司报告期不存在重大会计违规事项。

上市公司发行优先股募集资金应有明确用途，与公司业务范围、经营规模相匹配，募集资金用途符合国家产业政策和有关环境保护、土地管理等法律和行政法规的规定。

除金融类企业外，本次募集资金使用项目不得为持有交易性金融资产和可供出售的金融资产、借予他人等财务性投资，不得直接或间接投资于以买卖有价证券为主要业务的公司。”

《试点管理办法》除了对发行优先股应该满足的条件作出了明确规定，同时也对不得发行优先股的情形做出了详细规定。

《试点管理办法》第三章第一节第二十四条的规定如下：“上市公司存在下列情形之一的，不得发行优先股：

（一）本次发行申请文件有虚假记载、误导性陈述或重大遗漏；

（二）最近十二个月内受到过中国证监会的行政处罚；

（三）因涉嫌犯罪正被司法机关立案侦查或涉嫌违法违规正被中国证监会立案调查；

（四）上市公司的权益被控股股东或实际控制人严重损害且尚未消除；

（五）上市公司及其附属公司违规对外提供担保且尚未解除；

（六）存在可能严重影响公司持续经营的担保、诉讼、仲裁、市场重大质疑或其他重大事项；

（七）其董事和高级管理人员不符合法律、行政法规和规章规定的任职资格；

（八）严重损害投资者合法权益和社会公共利益的其他

情形。”

### 3.选择发行方式

一般而言，上市公司可以公开和非公开发行优先股，非上市公众公司可以非公开发行优先股。但无论是选择公开发行优先股的方式，还是选择非公开发行优先股的方式，都需要满足一定的条件。

根据《试点管理办法》的相关规定，公开发行优先股，最近三年财务报表被注册会计师出具的审计报告应当为标准审计报告或带强调事项段的无保留意见的审计报告；非公开发行优先股，最近一年财务报表被注册会计师出具的审计报告为非标准审计报告的，所涉及事项对公司无重大不利影响或者在发行前重大不利影响已经消除。

### 4.确定发行对象

发行对象就是购买优先股的投资者或者投资机构。但根据《试点管理办法》的规定，不是任何一个投资者或者投资机构都可以随意购买优先股，也就是说，发行优先股的公司必须针对特定的发行对象发行优先股。

一般而言，无论是上市公司还是非上市公众公司，无论是公开发行，还是非公开发行，发行对象都要满足多个条件。

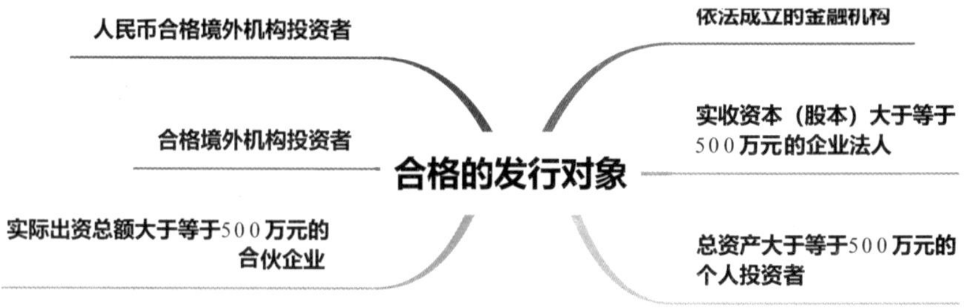


图5-6　合格的发行对象

当然，除了上图中的几类合格的发行对象可以购买优先股之外，只要符合中国证监会认可资格的个人投资者或者投资机构也可以购买优先股。

但是，对于选择非公开发行优先股方式的公司而言，每次发行优先股的对象数量都有所限制，即每次发行对象必须等于小于200人，而且相同条款的优先股的发行对象累计数量必须小于等于200人。

## 5.选择发行种类

优先股依据不同的发行方式、股息分配方式等，也可以分为不同的优先股，发行公司应该结合公司实际情况选择适合自身发展的优先股，以免得不偿失。

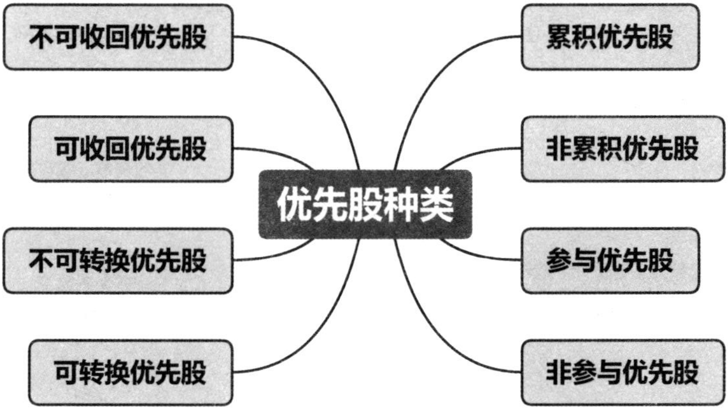


图5-7　优先股种类

（1）累积优先股。

如果发行累积优先股，往往需要公司承担优先股持有者恢复表决权的风险。虽然累积优先股指的是发行公司一旦在某个营业年度内无法按照约定的股息向优先股持有者分配应得利润，优先股持有者则有权利在以后的时间里向发行公司索要所欠的应得分配利润，但发行公司如果出现多个营业年度盈利不足，而且一旦符合《试点管理办法》的相关规定，优先股持有者便会恢复表决权。

（2）非累积优先股。

非累积优先股与累积优先股相对，是指即便发行公司在某个营业年度盈利较少，无法按照约定的股息分配优先股持有者的应得利润，优先股持有者也无权要求发行公司在日后继续补发。对于发行公司来说，非累积优先股可以在一定程度上减轻财务压力，但会严重打击投资者的积极性，阻碍优先股的顺利发行。

（3）参与优先股。

参与优先股是指优先股持有者除了可以拿到按照固定股息分配的利润外，还可以同时参与普通股的利润分配。在利润的诱惑下，投资者对于参与优先股一般比较热衷，可以有效推动优先股的发行，但对于发行公司而言，无疑要以更多的利益换取话语权。如果企业想要借助更多的利润扩大生产，则不适合选择参与优先股。

（4）非参与优先股。

非参与优先股是指优先股持有者只分配应得利润。非参与优先股在一定程度上对于投资者不利，但对于发行公司而言则是利大于弊的，而且是大多数公司普遍采用的一种优先股种类。

（5）可转换优先股。

如果发行公司在发行优先股的同时与投资者做出了一些特殊约定，一旦这种约定达成，则可以将一定数量的优先股转换为普通股，这类优先股股票就是可转换优先股。

可转换优先股具有一定的灵活性，对于吸引投资者来说拥有一定的吸引力，但发行公司需要注意发行这类优先股股票的数量不宜过多，否则会影响公司控制权的稳定性。

（6）不可转换优先股。

不可转换优先股的性质其实与非参与优先股的性质是一样的，也就是只可以按照固定的股息分配利润，并没有其他特殊的权利。相对于可转换优先股，不可转换优先股通常不在投资者的考虑范围之内。

（7）可收回优先股。

如果发行公司想要掌握更大的自主权，往往会发行可收回优先股，即在一定时机下，不仅会按照固定股息向优先股持有者分配应得利润，也会额外给予一定的利润或者补偿，从而收回优先股持有者手中的股份。发行可收回优先股，往往意味着公司创始人对公司的发展前景非常看好，坚信未来能够盈利，而且盈利颇丰。

（8）不可收回优先股。

如果发行公司认定优先股的股利在公司未来发展过程中不会有大的增长，便会发行不可收回优先股，即不允许被发行公司收回的优先股。

### 6.确定发行数量

在优先股的发行数量上，并不是越多越好，通常是以公司已经发行的普通股股份的总数为基数。无论是上市公司还是非上市公众公司所发行的优先股的数量都应该小于等于普通股股份总数的一半，而且融资金额应该小于等于发行优先股之前公司净资产的一半。

当然，对于二次（二次以上）发行优先股的公司来说，其之前回购以及转换的优先股数量不包含在此次发行数量范围之内。

对于一家公司来说，财产权与控制权可以合二为一，也可以分而治之。优先股便是让公司创始人在分而治之的道路上找到了方式、技巧和途径，不仅丰富了公司的股票种类、优化了融资渠道，而且使公司的股权结构更加健全、科学、规范。

# 第六章

# 把章程变成巨大推手

## ——放大“意思自治”属性

如果说《公司法》对于公司治理起到的作用是固定性的、概括性的、指导性的，那么公司章程对于公司治理起到的作用则是自治性的、具体性的、实践性的。

从一定意义上来说，公司章程是对《公司法》的进一步完善，是将法律层面的抽象性的约束条例，通过细节的补充对公司从设立、运营到终止的整个过程做出明确的行为指导，有助于健全公司治理结构，甚至可以决定公司控制权何去何从。

# 公司章程是否形同虚设

从众多公司的经营实践中可以看出，虽然公司章程从地位、效力、性质上来说，都是公司离不开的一种重要的自治规则，但由于很多经营者对公司章程的认知仅停留在是为了满足公司注册而不得不向工商局提交的一份文件而已。所以，公司章程很多时候被束之高阁，并没有起到维护公司利益，尤其是维护公司创始人利益的作用。

那么，公司章程真的是形同虚设吗？究竟什么是公司章程呢?

公司章程是依据《公司法》相关规定，详细记录公司名称、住所、经营范围等基本信息，并经由股东共同商议，对公司组织活动和行为基本准则制定的经营管理制度。因此，公司章程不仅是大多数经营者认为的是公司成立的必要条件，同时也是公司生存发展离不开的“宪章”。

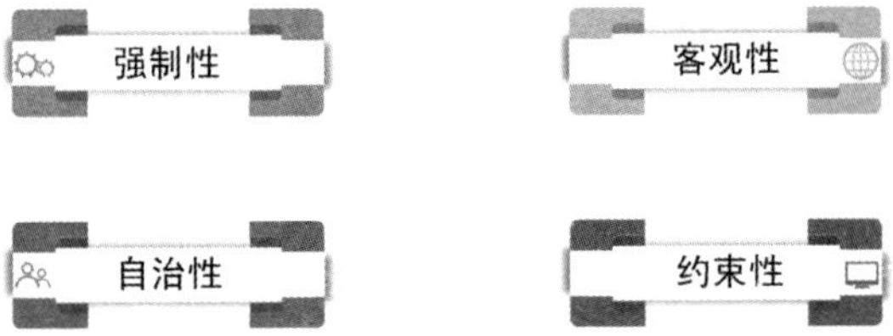


图6-1　公司章程的特征

### 1.强制性

根据《公司法》的相关规定，无论是有限责任公司还是股份有限公司，在发起设立的时候，如果没有完整的公司章程，往往会被判定为没有满足设立条件，不可以设立公司。换句话说，这是从法律层面强制要求公司发起人必须向公司登记机关进行登记的文件之一。

### 2.客观性

无论公司规模大小，从事的是什么行业，制定公司章程的时候，必须结合公司的实际情况，真实而全面地记录相关信息，否则将会被认为违反《公司法》相关规定，作无效处理。

### 3.自治性

公司章程作为公司的经营管理制度，是由公司股东共同商议制定的，行政机关只是提供了法律保障，并不会参与制定的过程。同时，公司章程的制定在符合法律规定的条件下的实施情况，也是由公司自行约定，不会被相关部门强制要求执行或者不执行。

### 4.约束性

公司章程在约束公司行为规范的基础上，只对公司内部人员起到指导以及限制作用，对外部人员不产生效力。

公司章程所具备的以上特征是有限责任公司和股份有限公司同时拥有的，但对于有限责任公司来说，公司章程不需要对外公开；而股份有限公司不仅要对内部股东公开，而且还要对社会公众公开。

由此可见，任何一个成功设立的公司，都意味着其公司章程获得了相关部门的批准，并具有了法律效力。而且这种法律效力是双面性质的，如果公司遵循公司章程规定行为准则开展运营管理，那么法律会对其进行保护；如果公司我行我素，置公司章程于不顾，那么就会受到法律的干预甚至是处罚。

所以，从法律效力的角度来看公司章程，其实任何一个公司都没有理由将其抛之脑后。

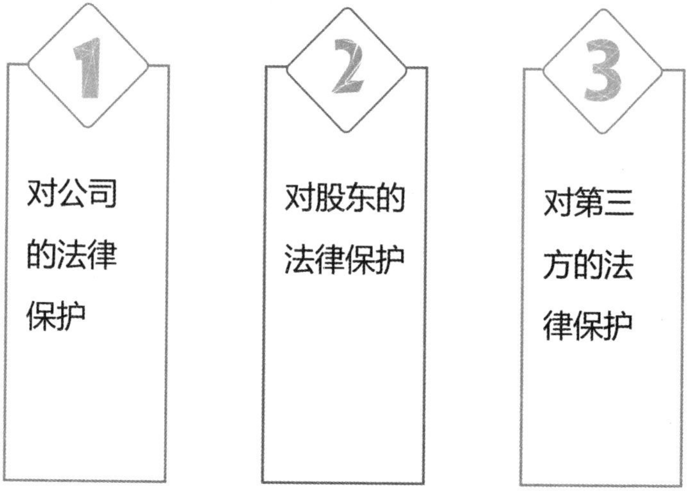


图6-2　公司章程的法律效力

### 1.对公司的法律保护

公司的每一个股东、董事、监事、经理，都有义务遵守公司章程的有关规定，而且无论这些股东、董事、监事、经理是在公司章程制定时就已经在位的，还是在公司章程制定以后加入公司的，都没有理由拒绝与逃避。同时，任何一个股东、董事、监事、经理，只要违反公司章程规定的职责，公司都可以依据公司章程对其提起诉讼。

当然，鉴于公司章程的约束性，如果股东、董事、监事、经理不是以所在公司的职位与公司发生关系，则公司无法对其行为进行干涉。

### 2.对股东的法律保护

如果股东违反了公司章程的规则，公司可以依据公司章程对其提出诉讼。那么，如果公司没有按照相关规定对股东行使应有义务，股东应该怎么办呢？其实，公司章程与股东之间的义务是相互的，股东因公司章程而为公司的发展出谋划策，那么公司也应该依据相应的章程维护股东的利益。当股东的个人利益受到侵犯，也可以依据公司章程对公司提出权利请求。

同理，在公司章程的契约关系下，股东之间也存在必然的义务关系。比如，在有限责任公司中，按照《公司法》的规定，公司章程中需要做出股权转让的行为规范，通常是在A股东进行股权转让时，B股东有权优先认购。如果在这种情况下，股东B没有优先认购权，或者股东A的股权在转让时刻意规避股东B，那么股东B则可以依据公司章程对股东A提出权利请求。

### 3.对第三方的法律保护

公司章程中不仅规定了内部人员与活动的规则，同时也对公司对外经营的原则做出了规定，这就为与公司发生经济往来的人员或者机构提供了有效保护。

事实上，无论哪一方行使法律保护，对公司造成的损失都将是巨大的。这就要求每个公司必须依据自身的真实情况有针对性地制定公司章程，避免出现同质化，从而抹杀了公司章程的特点和法律效力。

# 套用章程模板等于放弃公司治理

没有公司章程的公司，其实不是真正意义上的公司，因为从法律层面就将其拒绝在了发起设立阶段。

而那些拥有公司章程的公司，也存在两种不良情况：第一种是那些制定了公司章程后就将其进行封存的公司，对章程的内容毫无了解，甚至从未认真阅读过；第二种是那些懒于自己动手，直接下载章程模板，或者套用其他公司章程的公司。

对于这些公司来说，也就等于直接放弃了公司治理，甚至为公司的运营发展埋下了祸根。

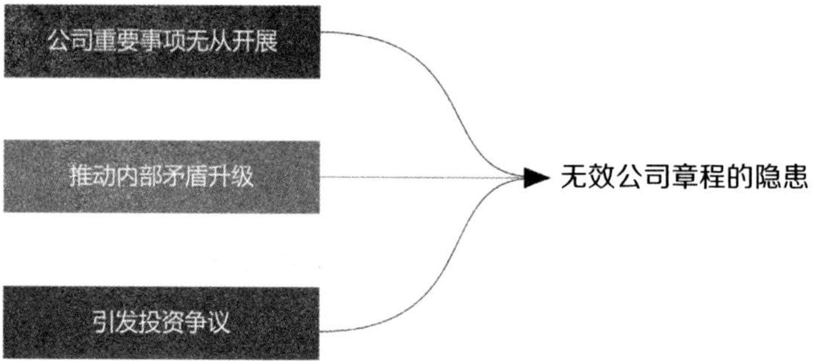


图6-3　无效公司章程的隐患

### 1.公司重要事项无从开展

《公司法》中对于公司的很多重要事项都明确说明了“除《公司法》有规定的以外，由公司章程规定”，这是因为《公司法》的规定是结合公司的普通性质制定的，具有普适性而不具有针对性和更有效的操作性。

所以，针对股东会和董事会的议事方式以及表决程序、董事成员的提名、任命和任期、承办公司审计业务的会计师事务所的聘用和解聘等，均需要公司结合自身实际情况通过公司章程做出具体、详细、全面的规定，才能确保各组织活动有序开展。

而那些制定了公司章程而不看的公司，或者是照抄照搬他人公司章程的公司，往往会因为无规矩所以成不了方圆，最终导致公司陷入一片混乱的艰难境地。

## 2.推动内部矛盾升级

根据《公司法》相关规定，公司股东会和董事会都被赋予了相应的权利，但是两者之间的权利范围却存在多处重合，是一种典型的权责不清的表现。

例如，在决定公司的经营计划和投资方案（计划）、决定公司内部管理机构的设置（公司合并、分立）、制定公司的基本管理制度（修改公司章程）、公司章程规定的其他职权方面，股东会和董事会可以同时行使相同的权利，如果彼此意见一致，则相安无事；如果双方意见相左，往往会让彼此之间产生矛盾。

表6-1 《公司法》赋予股东会与董事会的权利

| 股东会 | 董事会 |
|---|---|
| 决定公司的经营方针和投资计划 | 召集股东会会议，并向股东会报告工作 |
| 选举和更换非由职工代表担任的董事、监事，决定有关董事、监事的报酬事项 | 执行股东会的决议 |
| 审议批准董事会的报告 | 决定公司的经营计划和投资方案 |
| 审议批准监事会或者监事的报告 | 制订公司的年度财务预算方案、决算方案 |
| 审议批准公司的年度财务预算方案、决算方案 | 制订公司的利润分配方案和弥补亏损方案 |
| 审议批准公司的利润分配方案和弥补亏损方案 | 制订公司增加或者减少注册资本以及发行公司债券的方案 |
| 对公司增加或者减少注册资本作出决议 | 制订公司合并、分立、解散或者变更公司形式的方案 |
| 对发行公司债券作出决议 | 决定公司内部管理机构的设置 |
| 对公司合并、分立、解散、清算或者变更公司形式作出决议 | 决定聘任或者解聘公司经理及其报酬事项，并根据经理的提名决定聘任或者解聘公司副经理、财务负责人及其报酬事项 |
| 修改公司章程 | 制定公司的基本管理制度 |
| 公司章程规定的其他职权 | 公司章程规定的其他职权 |

### 3.引发投资争议

《公司法》第二十七条规定："股东可以用货币出资，也可以用实物、知识产权、土地使用权等可以用货币估价并可以依法转让的非货币财产作价出资；但是，法律、行政法规规定不得作为出资的财产除外。

对作为出资的非货币财产应当评估作价，核实财产，不得高估或者低估作价。法律、行政法规对评估作价有规定的，从其规定。"

这条规定显然放大了投资空间，不再仅局限于货币形式的出资，但是对于非货币形式的出资应该如何评估、由谁选择评估机构、选择什么样的评估机构才可以达到客观公正的标准，《公司法》中没有明确规定。此时，如果公司章程中没有相应规定，任由投资者各取所需，不仅有失公平原则，也会引发强烈的出资争议。

诚如有一千个读者就有一千个哈姆雷特，有一千个公司就有一千个公司章程。所以，不要仅仅为了更容易获准登记，而选择章程模板。

# 规定一切法律所不规定

完全基于《公司法》并不能构建完善而有效的公司治理结构，或者说《公司法》只对构建公司治理结构提供了大概的框架，而具体的细节以及更加全面的体系需要由公司章程打造。

这一点在《公司法》中高达百余处的“由公司章程规定”可见一斑。换句话说，公司章程可以规定《公司法》一切所不规定，完全可以根据自由意志自主决定公司的治理结构。

下面，我们通过《公司法》赋予公司章程可自由约定的几项事项进行详细阐述，而这其实也是公司创始人通过公司章程变相控制公司的一种方式。

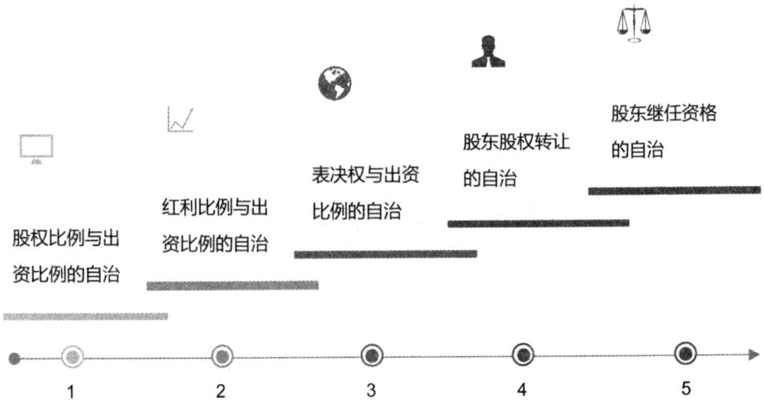


图6-4　公司章程的自治事项

### 1.股权比例与出资比例的自治

《公司法》中仅对公司注册资本做出了相应的法定要求，并未对股东应该持有的股权比例按照什么标准进行划分做出明确规定。虽然一般的划分标准是按照股东的出资比例，即出资越多，持有的股权比例越大，相反，出资越少，持有的股权比例越小，但是如果公司创始人与股东之间可以自行商定，也可以不按照出资比例进行股权比例的划分。前提条件是股东必须出于自愿，而且不会对股东的利益造成损害，同时要符合法律和行政法规的规定。满足上述条件便可在公司章程中对股权比例的划分明确规定除出资比例之外的标准，同样会受到法律的保护，属于有效条约。

### 2.红利比例与出资比例的自治

《公司法》第三十四条规定：“股东按照实缴的出资比例分取红利；公司新增资本时，股东有权优先按照实缴的出资比例认缴出资。但是，全体股东约定不按照出资比例分取红利或者不按照出资比例优先认缴出资的除外。”

这也就是说，股东的分红权可以按照出资比例进行划分，但是也可以按照公司章程的规定重新制定划分标准。对于采取什么样的标准最有利，公司创始人应该采取既可以激励股东的同时，也不会失去控制权的措施。

### 3.表决权与出资比例的自治

虽然《公司法》中对于股东行使表决权的条件做出了明确规定，即必须按照其对应的出资比例，但是并没有将这条规定绝对化，而是明确提出了在公司章程有相关规定的情况下，可以优先遵循公司章程的规定。如此一来，即便公司在后期融资过程中，公司创始人的股权存在被稀释的风险，却可以通过公司章程为持有绝对话语权保驾护航。

### 4.股东股权转让的自治

按照《公司法》对股东转让股权的法律规定，股东如果想转让股权必须满足转让数量低于其所持有公司股份总数的25%，而且必须满足持有时间超过一年的限制。然而，《公司法》同时也对公司章程赋予了更大的自治权利，也就是说如果某个股东想转让手中的股权，但是没有满足《公司法》的规定，而公司章程却另有规定，比如转让数量可以超过持有公司股份总数的25%，该股东依然可以进行股权转让。

同时，在有限责任公司的股权转让过程中，公司章程也可以针对《公司法》做出的其他股东享有优先认购权的规定重新进行约定。

### 5.股东继任资格的自治

一旦自然人股东离世，按照《公司法》规定将由其合法继承人继续承担离世股东的公司义务。当然，这也是在公司章程针对离世股东没有特殊约定的情况下。反之，则必须按照公司章程的规定对离世股东的继任义务进行处理。

其实，除了上述几项由公司章程可以实现的公司自治事项之外，法律赋予公司章程的自治权利还体现在股东会享有的职权、董事会享有的职权、股东会的召开等诸多方面。

所以，对于任何一个市场经济组织来说，都应该停下盲目逐利的脚步，回头看一下盈利的本质是什么？只有公司在高效、健康运转的前提下，才能够提供安全的交易环境，进而才能实现真正盈利的目的。而公司章程正是提高公司运作效率，并为公司补给“营养”的保障手段。

# 股东会、董事会、经理层的控制权建构

国有国法，家有家规，司有司章。

根据《公司法》的相关规定，公司、股东、董事、监事、高级管理人员均同时受约于公司章程，而且公司创始人可以通过公司章程与股东权利展开博弈，最终获得公司控制权。

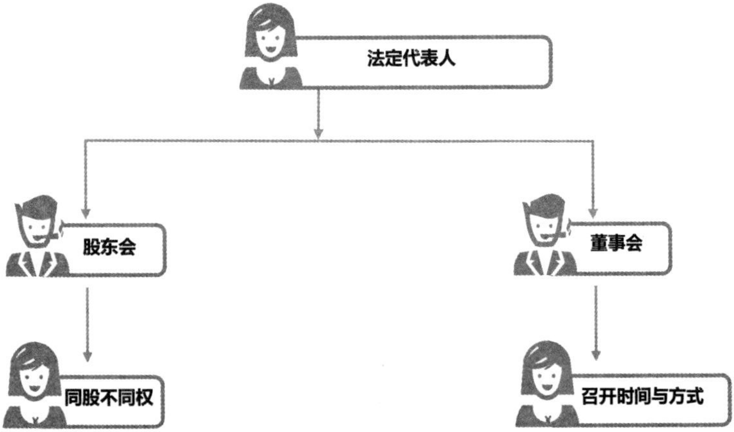


图6-5　基于公司章程的控制权顶层设计

### 1.对法定代表人的约束

如果按照《公司法》的规定，公司董事长、执行董事，以及总经理都有权担任公司的法定代表人，但是公司经理职位一般是外派职业经理人担任，与公司之间更多的是利益属性，缺乏感情纽带，所以在利益的驱使下将增加争夺公司控制权的风险。

然而，公司法定代表人的职位可以通过公司章程约定由公司创始人担任，这也是法律所允许的。

### 2.同股不同权的约束

通过公司章程可以约定以同股不同权的方式代替按照出资比例划分股权的方式，从而可以保障公司创始人即便持有较低的股份比例，也可以拥有控制公司的表决权。当然，这样做的代价就是要牺牲约定的财产分配权，即通过可以让其他股东获得更多分红的方式平衡权利上的不公平。

### 3.召开董事会的约束

《公司法》第四十四条规定：“董事会设董事长一人，可以设副董事长。董事长、副董事长的产生办法由公司章程规定。”

如果通过公司章程稳定公司创始人董事长的地位，那么就意味着公司创始人掌握了董事会召开的时间与方式，也代表着控制了公司。

### 4.经理职权范围的约束

除了《公司法》赋予经理的权利（主持公司的生产经营管理工作，组织实施董事会决议；组织实施公司年度经营计划和投资方案；拟订公司内部管理机构设置方案；拟订公司的基本管理制度；制定公司的具体规章；提请聘任或者解聘公司副经理、财务负责人；决定聘任或者解聘除应由董事会决定聘任或者解聘以外的负责管理人员；董事会授予的其他职权）之外，通过公司章程可以进行其他层面的授权，但是这个度是可以掌握的，完全可以让经理层人员处于被控制范围内。

### 5.董事会职权的约束

虽然《公司法》赋予了董事会的职权高达11项，但是如果公司章程中不对董事会追加授权，那么董事会也就仅享有这11项职权。同时，通过公司章程也可以决定董事会拥有的这11项职权做出决议时的有效程度，比如章程中可以约定董事会做出的决议必须经由多少董事同意方可通过，或者约定董事会做出的决议必须经由股东会表决通过后方可执行等。这也是一种间接控制董事会的方式。

### 6.股东会决议的约束

《公司法》对出席会议的人数或者股东所持表决权数量，以及股东会决议的表决结果做出了相关通过比例的规定，但公司章程也可以对此进一步作出约定。

那么，当《公司法》和公司章程对此规定的数量和比例未达标时，公司创始人就可以请求人民法院撤销股东会决议。

公司章程就是推动公司成为“方圆”的那个“规矩”，是公司运营存续的基本规章制度，有其具体的约束作用，尤其是可以规定什么、规定到什么程度，决定了公司创始人能否顺利掌握公司控制权。

# 第七章

# 一致行动的神奇组织

## ——全面升级治理命题

1股权+1股权是否等于2股权?

从数量关系上来说，相等关系成立。然而，从权利效应层面来说，则属于资源整合、抱团取暖，实现的是1+1>2的效果。

而公司中的一致行动就是整合不同股东持有的股权，从而确定公司实际控制人或者共同实际控制人。

# 《一致行动人协议》的制定

如果公司创始人的股权已经被过度稀释，也可以与数位股东强强联手，组成一致行动人，并通过签署《一致行动人协议》，形成约束力，达成一致行动，最终实现控制公司的目的。

那么，什么是一致行动人呢？是不是只要随便联合几个股东，就可以构成一致行动人呢？

根据证监会《上市公司收购管理办法》（2014年修订）第八十三条规定："本办法所称一致行动，是指投资者通过协议、其他安排，与其他投资者共同扩大其所能够支配的一个上市公司股份表决权数量的行为或者事实。

在上市公司的收购及相关股份权益变动活动中有一致行动情形的投资者，互为一致行动人。"

与此同时，《上市公司收购管理办法》还为判定一致行动人是否成立做出了12种情形，只要符合任一情形，都可以被认为是合法的一致行动人。

当然，按照上面的情形来说，如果某投资者不想或者不应该与其他股东构成一致行动人，则可以通过向中国证监会提供相反证据解除一致行动人关系。

**判定一致行动人成立的12种情形**

| 情形内容 | 情形例示 |
| --- | --- |
| 投资者之间有股权控制关系 | A公司控制B公司，A与B可以形成一致行动人 |
| 投资者受同一主体控制 | A公司控制B公司与C公司，B与C可以形成一致行动人 |
| 投资者的董事、监事或者高级管理人员中的主要成员，同时在另一个投资者担任董事、监事或者高级管理人员 | A公司与B公司同时由C出任董事，A与B可以形成一致行动人 |
| 投资者参股另一投资者，可以对参股公司的重大决策产生重大影响 | A公司持有B公司，并对其重大决策产生影响，A与B可以形成一致行动人 |
| 银行以外的其他法人、其他组织和自然人为投资者取得相关股份提供融资安排 | A公司和B某为C公司取得D公司的股份融资，A与C和B某是一致行动人 |
| 投资者之间存在合伙、合作、联营等其他经济利益关系 | A公司和B公司有合伙关系，A与B可以形成一致行动人 |
| 持有投资者30%以上股份的自然人，与投资者持有同一上市公司股份 | A某持有B公司30%以上股份，同时A与B同持C上市公司股份，A与B公司为一致行动人 |
| 在投资者任职的董事、监事及高级管理人员，与投资者持有同一上市公司股份 | A在B公司任董事，而且A与B同持C上市公司股份，A与B公司为一致行动人 |
| 持有投资者30%以上股份的自然人和在投资者任职的董事、监事及高级管理人员，其父母、配偶、子女及其配偶、配偶的父母、兄弟姐妹及其配偶、配偶的兄弟姐妹及其配偶等亲属，与投资者持有同一上市公司股份 | A在B公司任董事，且A的直系亲属C与B公司同持D上市公司股份，C与B公司为一致行动人 |
| 在上市公司任职的董事、监事、高级管理人员及其前项所述亲属同时持有本公司股份的，或者与其自己或者其前项所述亲属直接或者间接控制的企业同时持有本公司股份 | A上市公司董事B与其妻C同时持有A上市公司股份，B与C为一致行动人 |
| 上市公司董事、监事、高级管理人员和员工与其所控制或者委托的法人或者其他组织持有本公司股份 | A上市公司董事B与其控制的C公司同时持有A上市公司股份，B与C为一致行动人 |
| 投资者之间具有其他关联关系 | A和B公司有关联关系，A与B为一致行动人 |

图7-1　判定一致行动人成立的12种情形

从一致行动人的定义可以得知，形成一致行动人后，应该将一致行动人涵盖的所有股东的股权进行合并计算，那么一致行动人所持有的股权不仅包括登记在某个股东名下的股份，也包括登记在一致行动人名下的股份。依此逻辑进行推理，其实一致行动人也是指通过协议、其他安排，与其他投资者共同扩大其所能够支配的一个上市公司股份表决权数量的两个以上的自然人、法人或者组织、机构。

同时，我们可以从一致行动人的定义中解读出一个更加关键的信息，那便是必须通过协议、合作、关联方关系等合法途径，才能实现扩大其对一个上市公司股份的控制比例，或者巩固其对上市公司的控制地位。

问题在于，《一致行动人协议》的有效性应该如何判定呢？又应该如何签订《一致行动人协议》？

《一致行动人协议》的有效性可以从两个方面来判断：

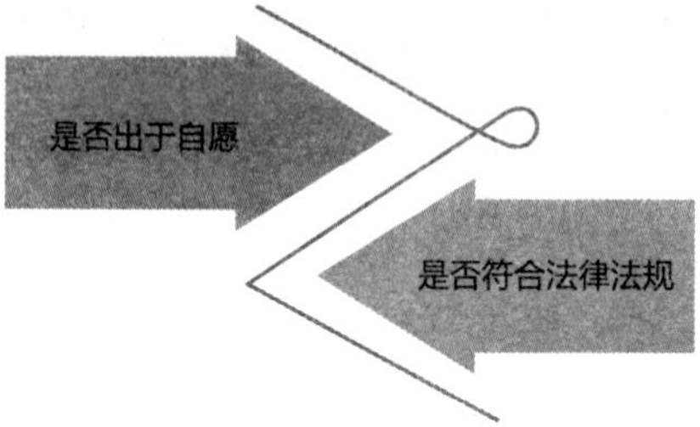


图7-2　《一致行动人协议》有效性的判断标准

### 1.是否出于自愿

《一致行动人协议》的签订必须是基于形成一致行动人的各股东自愿的基础上，而且协议内容经由各股东审阅后确定是各自真实意思的表示。

### 2.是否符合法律法规

《一致行动人协议》的各项条款必须严格遵守法律、行政法规的效力性和强制性规定，一旦违反有关上市公司及其股东信息披露义务的规定，则被认为不具备法律效力。

通常情况下，《一致行动人协议》应当包含下列基本内容：

图7-3 《一致行动人协议》的基本内容

### 1.一致行动的主体

一致行动的主体即一致行动人的构成方，通常是两个以上的上市公司股东，也可以是股东控制的其他市场经济组织。同时，需要明确标明各股东持有的股权数量。

### 2.一致行动的目的

签署《一致行动人协议》的最终目的绝不是为了对各股东形成约束性，而是为了集中力量在股东会就公司经营发展的重大事项进行表决时，能够以压倒性的表决权优势实现对公司的实际控制。

### 3.一致行动的期限

通常，《一致行动人协议》签署的期限以不超过三年为宜，到期后可以选择续签或者终止。

### 4.一致行动分歧的解决

一致行动过程中通常会出现的分歧有三种：第一种是股东各持己见无法保持一致，第二种是经过协商仍然无法统一，第三种是一致行动人内部形成对立的两方。

针对第一种分歧，需要在《一致行动人协议》中明确规定以某一特定股东的意见为准（一般为公司创始人），应该要求其他股东无条件与公司创始人的意见保持一致。

针对第二种分歧，可以在《一致行动人协议》中约定以协商后不同意见各方持有的股权数量为依据，进而确定采取何种意见，并达成统一决议。

针对第三种分歧，应该在《一致行动人协议》中约定以少数股东服从多数股东的方式，把大家的目标统一到一个方向上。

### 5.一致行动的法律约定

在《一致行动人协议》中必须明确规定、严格要求各方在行使协议中约定的各项权利时，不得违反任何相关法律法规，以及本协议的各项规定。

除了上述《一致行动人协议》的基本内容外，其实协议中还需要规定一致行动的条件、程序、一致行动人的权利范围等，而这些内容需要依据公司的实际情况进行约定。

《一致行动人协议》从合同的属性而言，同时具有特殊性、相对性、约束性，而且因其联合关系的特征，对公司的股权结构有着直接影响作用。尤其是随着《一致行动人协议》强制性特征地慢慢浮现，即便某一致行动人在行使表决权时违反了《一致行动人协议》的约定，也将会重新依据《一致行动人协议》对其表决结果进行纠正。

# 扩大共同的表决权数量

一般而言，股东利益的最直接体现就是股权数量的多少，而且在不掺杂特殊股权架构的情况下，股权比例的大小决定了控制权的大小。

然而，现实中很多公司为了融资，或者追求公司的快速发展与扩张，公司创始人不得不舍弃自己的股权。而随着股权的分散，公司创始人越来越缺乏话语权和影响力，甚至最终由投资者或者投资机构在股东会上利用其股权比例优势，强行通过自己提出的决议。

那么，公司创始人就只能束手就擒吗？如果想要反击，《一致行动人协议》就是一种有力的“武器”——扩大共同的表决权数量。

我们不妨看一下深圳市博恒投资有限公司是如何通过一致行动控制深圳市全新好股份有限公司的。

深圳市博恒投资有限公司作为深圳市全新好股份有限公司的股东之一，持有深圳市全新好股份有限公司10.82%的股权。但是在2019年10月10日，深圳市博恒投资有限公司突然公布了一份披露书，内容大致是要尽快进行资源整合，改善、提高并增强上市公司的经营状况、资产质量和持续盈利能力，最终让股东获得更多的利益。

其实，无论深圳市博恒投资有限公司这份披露报告的目的是什么，只要有这么一个行为，其就成了名副其实的“信息披露义务人”。最关键的是，借助这个身份，深圳市博恒投资有限公司就可以名正言顺地与其他股东签署《一致行动人协议》。

果不其然，在随后很短的时间内，深圳市博恒投资有限公司便与深圳市全新好股份有限公司的其他几位股东共同签署了《一致行动人协议》，包括李强、陈卓婷、陆尔东、林昌珍、陈军、刘红。

通过签署《一致行动人协议》，由深圳市博恒投资有限公司与李强、陈卓婷、陆尔东、林昌珍、陈军、刘红共同组成的一致行动人，已经持有深圳市全新好股份有限公司高达22.08%的股权，并正式成为深圳市全新好股份有限公司的第一大股东。

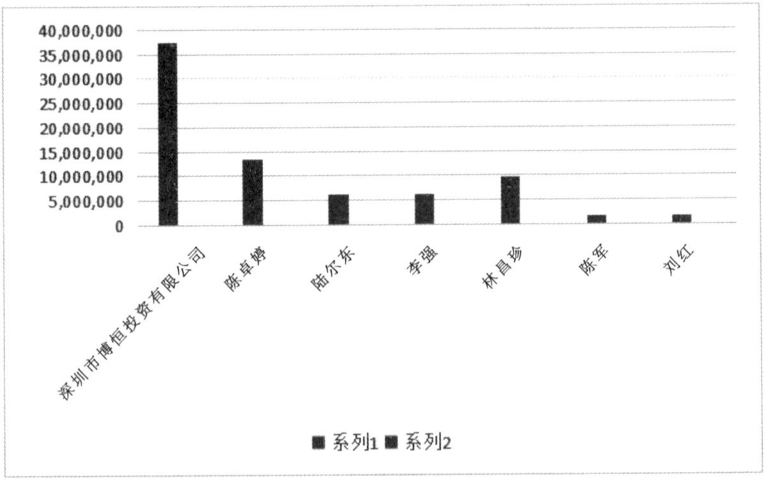


图7-4　深圳市博恒投资有限公司与李强、陈卓婷、陆尔东、林昌珍、陈军、刘红共同组成的一致行动人持股比例

一般情况下，如果公司创始人所持有的股权比例足以达到控制公司的目的，那么就不会也不需要再通过一致行动人支配公司决策。换句话说，只有被稀释到所剩无几的股权比例的公司创始人，才会迫切需要重新夺取公司控制权，不得不与其他股东进行联合，以取得四两拨千斤的效果。因此，寻求与他人共同组成一致行动人就是为了获得单独支配公司决策权。

而签署《一致行动人协议》，是通过每个一致行动人的承诺将其牢牢捆绑在一起，变成一个有机整体，合并计算一致行动人所持有的共同的股权数量，这也是一致行动的核心所在。因为只有将每个一致行动人所持有的股权数量所代表的权利集中起来，才能真正起到影响公司决策的作用，一致行动也才有意义。

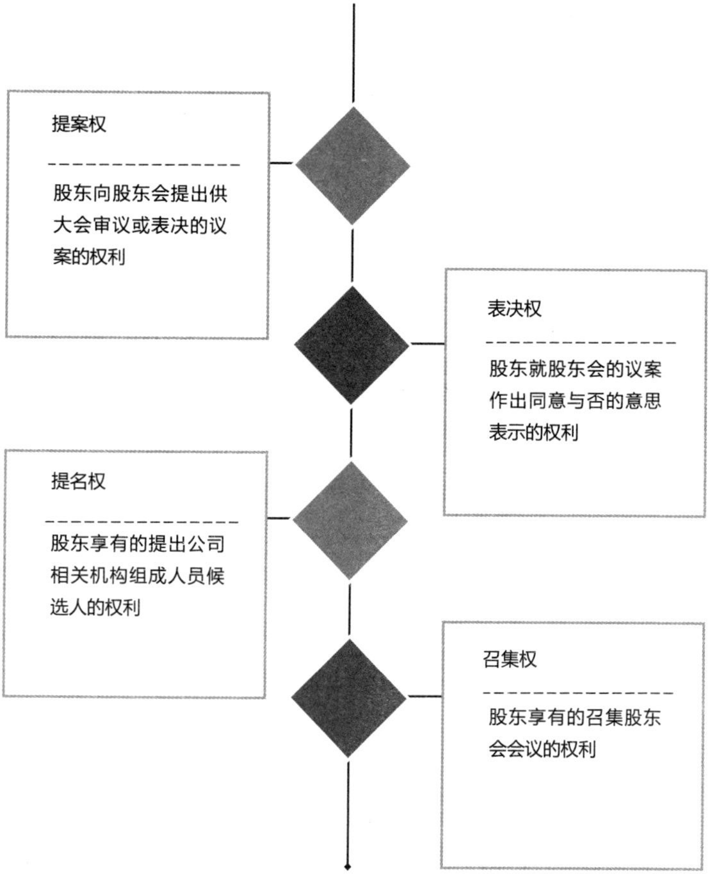


图7-5　一致行动人集合的权利

一旦《一致行动人协议》签署成功，就相当于一致行动人重新组建了一个“小股东会”，介于公司股东会之外，而且同样会受到法律的保护。在这个“小股东会”里，一致行动人可以在公司每次作出决议之前进行沟通与协商，并最终达成一致对外的意见。如果某个一致行动人没有按照最终意见表决，则会受到相应的惩罚，并承担相应的责任。

如果说这是一致行动人的内部风险，或者说是需要注意的问题，那么外部风险则是法律法规方面应该注意的问题。

例如，根据《上市公司收购管理办法》第十三条规定：“通过证券交易所的证券交易，投资者及其一致行动人拥有权益的股份达到一个上市公司已发行股份的5%时，应当在该事实发生之日起3日内编制权益变动报告书，向中国证监会、证券交易所提交书面报告，通知该上市公司，并予公告；在上述期限内，不得再行买卖该上市公司的股票，但中国证监会规定的情形除外。

前述投资者及其一致行动人拥有权益的股份达到一个上市公司已发行股份的5%后，通过证券交易所的证券交易，其拥有权益的股份占该上市公司已发行股份的比例每增加或者减少5%，应当依照前款规定进行报告和公告。在该事实发生之日起至公告后3日内，不得再行买卖该上市公司的股票，但中国证监会规定的情形除外。

前述投资者及其一致行动人拥有权益的股份达到一个上市公司已发行股份的5%后，其拥有权益的股份占该上市公司已发行股份的比例每增加或者减少1%，应当在该事实发生的次日通知该上市公司，并予公告。

违反本条第一款、第二款的规定买入在上市公司中拥有权益的股份的，在买入后的36个月内，对该超过规定比例部分的股份不得行使表决权。”

在这条法律法规中，不要单纯地以为只有某一个股东增持的股份达到5%才需要进行权益变动标准的披露，而是指一致行动人中的任意两个股东增持的股份比例相加达到5%就需要进行权益变动标准的披露，否则，就会受到法律的制裁。

总之，只要按照法律法规行事，那么一致行动所带来的抱团效果将是强大的。一旦一致行动人持有的股份加起来超过50%，或者合并计算后持有的投票权超过50%，就可以实现真正控制公司的目的。

# 无法逃离的三个不足

在现实生活中，通过签署《一致行动人协议》实现公司实际控制人的案例比比皆是。

江苏硕世生物科技股份有限公司为了谋求成功上市，不得不以股权为代价来进行融资。成功上市后，股东房永生、梁锡林、王国强通过签署《一致行动人协议》，以共同持有江苏硕世生物科技股份有限公司54.93%的股份的优势，重新获得了公司的控制权。

在公司创始人持有的股权比例较低，已经对公司失去了决策权利的情况下，往往可以采取联合其他股东形成一致行动人，并通过签署《一致行动人协议》实现一致行动，将公司的表决权进一步集中，从而提高因股权分散而失去的决策权利。

图7-6 《一致行动人协议》的三个不足

一致行动可以让公司创始人更有底气将股权分散出去，起到更好的股权激励的作用的同时，又可以牢牢掌握决策权。

然而，一致行动也不是一劳永逸的。从《一致行动人协议》本身来说，也存在三个重要的不足。

## 1.协议期限的不足

众所周知，任何一份协议都具有期限性，也就是有效期，《一致行动人协议》也不例外。所以有效期就成了《一致行动人协议》的第一个不足之处，因为约定的期限期满后，将面临是否续签的双向选择。如果续签，将意味着原《一致行动人协议》继续有效，可以继续行驶一致行动的权利；相反，一旦无法续签，则代表一致行动人将被解散，股权将被再次分散，进而将再次失去对公司的控制权。

### 2.协议解除的不足

《一致行动人协议》是在各方自愿，并且是出于真实意思表示的情况下进行签署的，那么在同样的背景下，如果各方或者大多数股东对于解除协议同样表示认可，则会面临协议被解除的风险。如此一来，一致行动的权利将化为乌有，同样会失去掌控公司的权利。

### 3.意外情况的不足

《一致行动人协议》的受约方通常是指签署协议的各方股东。然而，一旦某一受约方出现意外，比如死亡等，则对其继承人是没有约束权力的。也就是说，如果某个签署《一致行动人协议》的股东去世了，而其继承人愿意签署一份补充协议的话，则一致行动的权利不会被削减；相反，其继承人不愿意继续承担一致行动义务，则一致行动的效果就会被打折扣。

所以说，想要一致行动达到更加理想的效果，就需要针对以上不足进行有效规避，而最简洁的方式就是在签署《一致行动人协议》的时候对其进行补充约定，以做到有备而无患。

与此同时，签署《一致行动人协议》时还需要注意，如果对于组成一致行动人股东的股权转让权利没有做出任何形式的约定或者约束，同样会降低一致行动力。因为股东依法转让其持有的股份是受法律保护的，而其他股东除了拥有优先认购权之外，无权干预其是否转让，或者以何种形式转让等。

其实，这就涉及了一致行动中的权利安排问题，即按照少数股东听从多数股东的意见为准，还是以少数股权的意见服从多数股权的意见为准。如果结合股权转让的问题来说，采取以少数股权的意见服从多数股权的意见为协议约定标准，即使出现股权转让的情况，附带的义务也会一并转让，只需要与收购方重新签署一份补充协议即可保持一致行动的效果和效力，并不会动摇公司的控制权地位。

# 第八章

# 倒逼的委托投票权

## ——意想不到的有形之手

对于任何一个公司而言，控制权易主都是关乎公司创始人命运以及公司发展的重要事件，而且股东利益也会受到严重影响。

于是，近年来，通过股权转让的形式提高公司创始人持有表决权比例，进而牢牢掌控公司的事例不胜枚举。但是，股权转让的形式比较烦琐，而且稍有不慎就会触及法律底线。所以，很多公司采取了投票权委托的形式代替了股权转让形式，并因此掌握了控制权的同时，也进一步优化了公司的治理结构。

# 委托投票权究竟是谁的“专属”

江苏天常复合材料股份有限公司（以下简称“天常股份”）曾在上市前与旗下子公司连云港天常的一位持有连云港天常19%股权的股东签署了一份《委托投票权协议》，并约定：当连云港天常召开股东会议进行决议时，天常股份可以依据自己的意见行使该股东持有的19%的股权所对应的投票权、提案权、提名权等权利。

这也就意味着天常股份所持有的连云港天常的股权比例又增加了19%，将彻底成为连云港天常的实际控制人。

而该股东之所以愿意签署《委托投票权协议》的原因如下：一是因为该股东已经不在连云港生活与工作，常年居住于外地；二是因为该股东实际上对于连云港天常的经营管理并不感兴趣；三是因为该股东其实私下与天常股份的实际控制人的关系很好，可以充分信任；四是因为连云港天常的业务发展比较顺利，股东收益稳定。

其实，从这个案例中我们可以解读出究竟什么是委托投票权，即公司中由于某种原因无法出席股东大会，或者不愿意出席股东大会，亦或者是与受托人关系比较紧密的股东，通过与受托人签署协议进行约定的方式，由受托人代表其出席股东大会，并向股东大会提交股东授权委托书，同时行使委托人于协议中约定的权利。

而且，上面的案例中实际上还透露出另外一个关键信息，即委托投票权机制本质上是为掌握公司控制权专门设计的一条制度，也是一项非常有效的公司治理制度。公司创始人通过与其他股东签署《委托投票权协议》，可以将分散的投票权集中起来，从而有效影响公司决策，甚至可以有效制约大股东、董事会、监事会和经理人等。

可以说，委托投票权制度在中国的上市股份有限公司中被应用的概率比较大，因为在《公司法》关于股份有限公司的法律法规（第一百零六条）中曾明确规定："股东可以委托代理人出席股东大会，代理人应当向公司提交股东授权委托书，并在授权范围内行使表决权。"

所以，股东委托投票权制度从法律法规层面来说是受法律保护的，同时，也正是因为这条规定，致使很多人认为股东委托投票权制度仅适用于股份有限公司，而有限责任公司不可以采用股东委托投票权制度。

除了法律层面的原因，他们还从股份有限公司和有限责任公司的股东所处地域情况、股东构成数量情况等进行了分析对比，认为委托投票权制度就应该是股份有限公司的“专属”。

图8-1　股份有限公司与有限责任公司股东情况对比

相对于股份有限公司股东所处地域比较分散、股东数量较多、参会（股东会）概率较小的特点，有限责任公司的股东由于所处地域比较集中、股东数量较少，而且基本可以全员参会（股东会），所以他们会认为有限责任公司不适合也不可以施行股东委托投票权制度。

那么，事实果真如此吗？

众所周知，股东投票权是指某个自然人正式成为公司股东后，在公司召开股东会对某些事项决议时进行投票表决的一种权利。股东投票权作为一种对决议事项进行表决的手段，具有显著的基本性、有效性。

而反观《公司法》，虽然对于股东投票权的委托权利只针对股份有限公司做出了明确的规定，但同时《公司法》对于有限责任公司的股东是否可以施行委托投票权并没有明确规定可以或者不可以。那么，这就意味着有限责任公司一定不能施行委托投票权制度吗?

我们不妨看一下《公司法》第四十二条的规定："股东会会议由股东按照出资比例行使表决权；但是，公司章程另有规定的除外。"以及《公司法》第四十三条的规定："股东会的议事方式和表决程序，除本法有规定的外，由公司章程规定。"

从这两条规定中我们可以看出，首先，《公司法》对于有限责任公司不能施行委托拖票权制度并没有明确规定；其次，两条规定中同时明确了对于股东行使表决权以及股东会的议事方式和表决程序可以由公司章程另行规定。这也就是说，如果公司章程中规定公司股东可以采取委托投票权，那么就说明有限责任公司是可以实行委托投票权制度的。

与此同时，如果公司章程中另有约定，比如同一股东持有的股权可以委托给一人以上的其他股东，则证明委托人可以同时与数个受托人达成委托关系。

当然，如果现实中真的发生一个股东委托数个受托人的情况，难免会出现意见不统一、权利效力降低、行使结果不理想的问题。对于公司创始人想要借此稳定控制权来说，更是弊大于利，所以需要与委托人在权利分配、行使范围等方面必须做出明确且具体的约定，避免发生分歧，从而达到权利统一的目的。

事实上，委托投票权制度在英美等国家盛行已久，虽然在中国的发展时间不是很长，但已经得到广泛应用。只要在公司股东会召开之前，公司创始人能够通过一些媒体渠道公开向公司其他股东征集“委托投票书”，并能够成功行使委托人加上自己的股权可以达到51%的投票权，就可以掌握股东会的话语权，对公司进行有效控制和监督。

## 完善公司治理还是高位套现

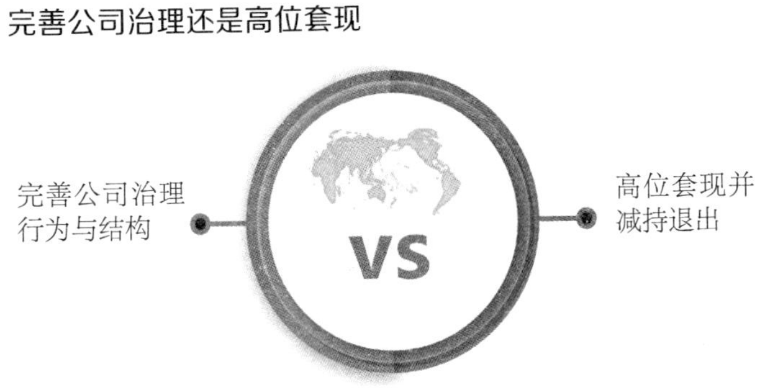


图8-2 委托投票权的效力对比

毋庸置疑，委托投票权的最直接目的就是掌握公司控制权。

然而，这一有效的争夺公司控制权的手段在某些公司中，或者说是在某些股东手中却变了质。尤其是当几个持有股权比例较高的大股东采取委托投票权制度时，往往不是为了争夺话语权，而是为了利益最大化。

例如，于2011年1月25日在深交所创业板成功上市，主要从事高分子发泡材料的研发、生产与销售的常州天晟新材料股份有限公司（以下简称“天晟新材”）就曾充当了一次“壳资源”，险些被其机构股东杭州顺成股权投资合伙企业（以下简称“杭州顺成”）玩弄于股掌之中。

2014年10月22日，天晟新材披露了一则公告，大致内容为2014年10月19日，杭州顺成分别与天晟新材的几位主要股东（孙剑、吴海宙、吕泽伟、徐奕）签署了《股份转让协议》《投票权委托协议》及《补充协议》，其中几位主要股东约定以7.89元/股的价格将他们持有天晟新材的2000万股股份转让给杭州顺成，同时约定将他们转让后依然持有天晟新材的7763.23万股股份所对应的投票权、提案权等委托给了杭州顺成。经此一举，杭州顺成所持有天晟新材的股权比例增加了29.95%，摇身一变成了天晟新材的实际控制人。

然而，杭州顺成的醉翁之意并非成为天晟新材的控股股东，这或许也是因为杭州顺成的出身——本就是一家PE机构，所以逐利才是杭州顺成的最终目的。

因为天晟新材披露的公告中同时说明了本次权益变动完成后的公司动态，比如以支持天晟新材持续提高盈利能力并增强综合竞争能力为目的，将由杭州顺成制定主营业务优化或整合的方案，同时将通过非公开发行股票的方式募集总资产规模不超过15亿元的资金。

假设杭州顺成的这一资本运作成功实现，依据利益最大化的原则，其很可能会在高位套现后减持退出。

庆幸的是，深圳证券交易所及时进行了干涉，打破了杭州顺成的美梦。

事实上，如果抛开杭州顺成借用委托投票权逐利的行为，这也是一个成功地通过委托投票权实现实际控制公司的成功案例。由此，我们可以再一次见证哪怕公司的股权被分散得七零八碎，哪怕公司创始人持有的股权比例仅有百分之零点几，只要通过委托投票权制度，合纵或者连横，亦可重回公司实际控制人的地位。

当然，这是委托投票权的最直接目的，但不是最终目的。因为委托投票权制度最终想要实现的是帮助公司创始人充分掌握公司后，进一步完善公司的治理结构。

对于这一点最具说服力的一个案例就是2001年发生在美国国际联合电脑公司（简称“CA”）的一场力量悬殊的较量：一个仅持有公司全部股份0.3%的小股东山姆·怀利与经营CA多年的董事会公开叫板。

CA实际控制人为创始人兼董事长王嘉廉。CA从1999年开始步入低潮，业务停滞不前。但王嘉廉在当年以6.55亿美元拿到全球最高薪，王嘉廉给股东的报酬率却是63%的负增长。CA股东们对王嘉廉早已不满，怀利由此发起了要求重新组建董事会的行动。

按照美国法律，任何股东都有权对董事会进行改组，只要他可以收集到足够多的股东委托书。怀利得到了很多股东投资机构的支持，与王嘉廉为代表的董事会双方实力均衡。但在最后的股东年会上，由于小股东们对怀利的方案心存疑虑，才使王嘉廉出人意料地以微弱优势获胜。小股东离推翻董事会仅一步之遥。

此事在当时引起轰动。尽管怀利并未成功，但对CA本身而言，董事会受到极大冲击，也因这次事件使公司内部开始重视那些亟待解决的问题，敦促董事会必须完善治理行为，重视中小股东利益①。

其实，公司创始人行使委托投票权夺取公司控制权只是一个过程，而结果则是进一步优化公司治理结构。如果这个结果无法实现，即做不到在资本面前抵制诱惑、健全经营制度、保障各股东（无论是大股东还是小股东）利益，或者说被公司创始人嗤之以鼻，那么从上述案例来看，其所夺取的公司控制权依然会得而复失，只是时间早晚的问题。

---

① 深圳世捷管理咨询公司首席顾问. 小股东通过委托投票制争取公司控制权〔N〕. 企业观察报. 2014年11月24日。

# 《投票权委托协议》与《一致行动人协议》的区别

猛狮新能源科技（河南）股份有限公司（以下简称“猛狮科技”）是2001年由汕头市沪美蓄电池有限公司发起设立的股份制企业，有30余年的蓄电池制造历史，2012年在深圳证券交易所上市。

然而，就是这样一家拥有数十年发展历程的公司，于2018年被易主了。

究其原因，猛狮科技的经营业绩出现了大幅下滑。

2018年1月30日，猛狮科技突然发布了一份业绩修正预告，将2017年9月发布的第三季度报告中预计的2017年度的净利润区间为2.00亿元-2.469亿元进行了修正，修正后的净利润区间为1.00亿元-1.469亿元，同时将之前发布的利润增速112.82%-162.72%改为了6.41%-56.32%。

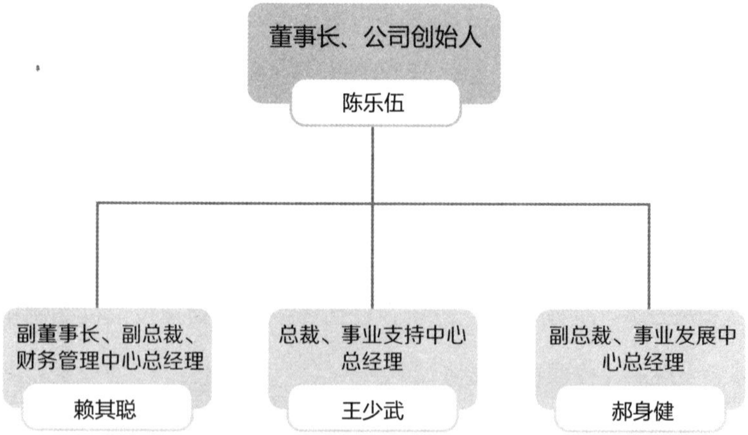


图8-3　猛狮科技管理架构图

无论是净利润还是利润增速，从修正后的数字不难看出，都相较之前的数字大幅降低，而且降幅的程度甚至可以用令人咂舌来形容都毫不为过。

为什么会出现这种情况？猛狮科技的解释是："受国家有关行业政策及宏观调控的影响，部分项目进展及经济效益未达预期，以致净利润未达原预计业绩情况。"

其实，无论是出于什么原因，当业绩下滑成为事实，遭受利益影响的股东便会坐立不安。

果不其然，距离猛狮科技发布业绩修正报告不到一个月的时间，即2018年2月26日晚间，猛狮科技再次发布了一则公告，主要内容为持有猛狮科技139，101，600股股份的陈乐伍等人与雪松控股集团有限公司签署了一份《投票权委托协议》。该协议约定将由雪松控股集团有限公司行使陈乐伍等人持有猛狮科技24.52%的股权所对应的表决权等权利。至此，猛狮科技成了雪松控股集团有限公司的“孩子”。

我们暂且不分析雪松控股集团有限公司取得猛狮科技控制权的来龙去脉，而是要重点分析在任何一个行使委托投票权案例中都会出现的《投票权委托协议》。

如果从《投票权委托协议》来说，其实在行使委托投票权过程中，委托人与受托人在某种角度上，比如在集合更多的表决权层面上，他们事实上也构成了一致行动人。

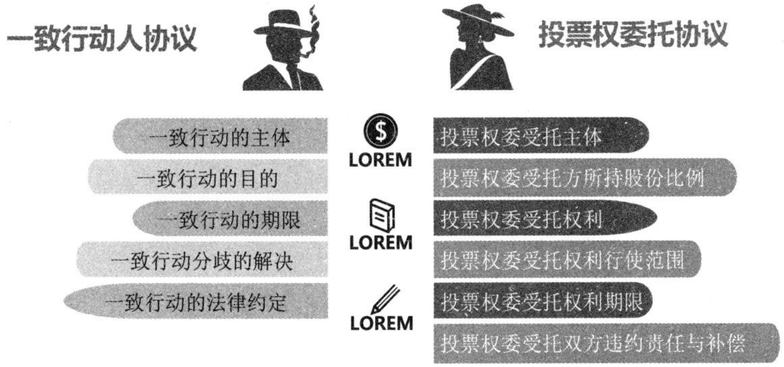


图8-4 《一致行动人协议》与《投票权委托协议》的内容对比

那么，一致行动人签署的《一致行动人协议》与委托人和受托人签署的《投票权委托协议》难道也是一样的吗？

通过《一致行动人协议》与《投票权委托协议》的内容对比，不难发现，虽然行使委托投票权的委托方与受托方在主体性质上也可以称为一致行动人，但是就两者的协议本质而言，还是存在核心区别的。

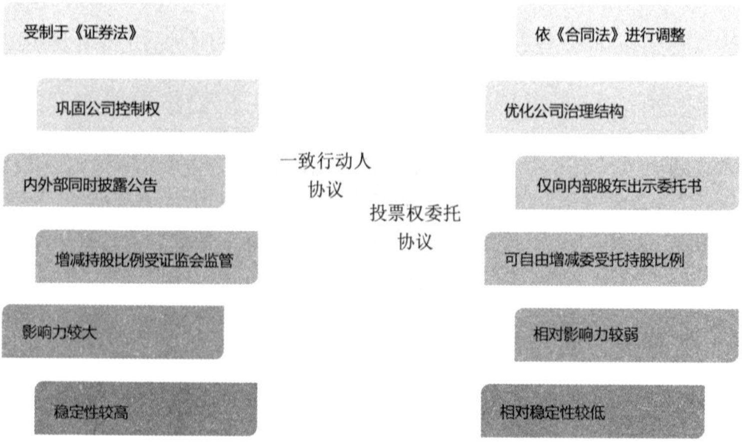


图8-5　《一致行动人协议》与《投票权委托协议》的不同之处

## 1.所受法律约束不同

一致行动人的权威定义是出自《证券法》，所以《一致行动人协议》需要同时遵守《证券法》和《公司法》的规定进行调整；而《投票权委托协议》受《合同法》影响较大，应遵守《合同法》的相关规定，而且相比《一致行动人协议》的相对性更为突出。

2.最终目的不同

通过签署《一致行动人协议》的最终追求是通过对一致行动人行使权利的范围等进行约束，从而实现成功夺取并进一步巩固公司控制权的一致行动效果；而签署《投票权委托协议》虽然也是对受托人行使权利的范围等进行约束，但最终想要实现的不仅是成为公司的实际控制人，还要求实现公司治理结构的合理优化。

3.呈现方式不同

一旦《一致行动人协议》成功签署，就需要按照《证券法》的相关规定将协议主要信息进行公开披露；而《投票权委托协议》正式签署后，受托人不仅不需要公开披露，而且在参加股东会行使表决权时，仅需要向其他股东出示授权委托书即可。

4.监管程度不同

正式签署《一致行动人协议》后的一致行动人行使的表决权是需要合并计算的，但是一旦持股比例每增加或者减少5%，都应当在该事实发生之日起3日内编制权益变动报告书，向中国证监会、证券交易所提交书面报告，通知该上市公司，并予公告；在上述期限内，不得再行买卖该上市公司的股票；而签署《投票权委托协议》的受托人，无论其持有的股份发生何种变化，都无需进行公告，也不受证监会的监督。

### 5.影响程度不同

通过签署《一致行动人协议》，一致行动人的聚力效果可以实现倍增，甚至可以产生直接影响股东会的效力；而签署《投票权委托协议》的受托人通常是一个人，即便受托人有数个，也不及一致行动人的聚力有效，影响效力相对来说较弱。

### 6.解除方式不同

一般情况下，只有在法律法规规定或者协议中约定解除条件发生时，才可以解除《一致行动人协议》，否则违约方将承担相应责任；而《投票权委托协议》相对比较随意，只要在法律许可条件下，随时可以解除，所以其稳定性不如前者。

综合以上《投票权委托协议》与《一致行动人协议》的不同之处，重点在于寻找《投票权委托协议》不可撤销的法律依据，只要能够提高《投票权委托协议》的稳定性，就能够维持公司控制权的稳定。

# 附录 1

# 《中华人民共和国合伙企业法》

（1997年2月23日第八届全国人民代表大会常务委员会第二十四次会议通过　2006年8月27日第十届全国人民代表大会常务委员会第二十三次会议修订）

目录

第六节　特殊的普通合伙企业

第三章　有限合伙企业

第四章　合伙企业解散、清算

第五章　法律责任

第六章　附则

**第一章　总则**

第一条　为了规范合伙企业的行为，保护合伙企业及其合伙人、债权人的合法权益，维护社会经济秩序，促进社会主义市场经济的发展，制定本法。

第二条　本法所称合伙企业，是指自然人、法人和其他组织依照本法在中国境内设立的普通合伙企业和有限合伙企业。

普通合伙企业由普通合伙人组成，合伙人对合伙企业债务承担无限连带责任。本法对普通合伙人承担责任的形式有特别规定的，从其规定。

有限合伙企业由普通合伙人和有限合伙人组成，普通合伙人对合伙企业债务承担无限连带责任，有限合伙人以其认缴的出资额为限对合伙企业债务承担责任。

第三条　国有独资公司、国有企业、上市公司以及公益性的事业单位、社会团体不得成为普通合伙人。

第四条　合伙协议依法由全体合伙人协商一致、以书面形式订立。

第五条　订立合伙协议、设立合伙企业，应当遵循自愿、平等、公平、诚实信用原则。

第六条　合伙企业的生产经营所得和其他所得，按照国家有关税收规定，由合伙人分别缴纳所得税。

第七条　合伙企业及其合伙人必须遵守法律、行政法规，遵守社会公德、商业道德，承担社会责任。

第八条　合伙企业及其合伙人的合法财产及其权益受法律保护。

第九条　申请设立合伙企业，应当向企业登记机关提交登记申请书、合伙协议书、合伙人身份证明等文件。

合伙企业的经营范围中有属于法律、行政法规规定在登记前须经批准的项目的，该项经营业务应当依法经过批准，并在登记时提交批准文件。

第十条　申请人提交的登记申请材料齐全、符合法定形式，企业登记机关能够当场登记的，应予当场登记，发给营业执照。

除前款规定情形外，企业登记机关应当自受理申请之日起二十日内，作出是否登记的决定。予以登记的，发给营业执照；不予登记的，应当给予书面答复，并说明理由。

第十一条　合伙企业的营业执照签发日期，为合伙企业成立日期。

合伙企业领取营业执照前，合伙人不得以合伙企业名义从事合伙业务。

第十二条　合伙企业设立分支机构，应当向分支机构所在地的企业登记机关申请登记，领取营业执照。

第十三条　合伙企业登记事项发生变更的，执行合伙事务的合伙人应当自作出变更决定或者发生变更事由之日起十五日内，向企业登记机关申请办理变更登记。

## 第二章　普通合伙企业

### 第一节　合伙企业设立

第十四条　设立合伙企业，应当具备下列条件：

（一）有二个以上合伙人。合伙人为自然人的，应当具有完全民事行为能力；

（二）有书面合伙协议；

（三）有合伙人认缴或者实际缴付的出资；

（四）有合伙企业的名称和生产经营场所；

（五）法律、行政法规规定的其他条件。

第十五条　合伙企业名称中应当标明“普通合伙”字样。

第十六条　合伙人可以用货币、实物、知识产权、土地使用权或者其他财产权利出资，也可以用劳务出资。

合伙人以实物、知识产权、土地使用权或者其他财产权利出资，需要评估作价的，可以由全体合伙人协商确定，也可以由全体合伙人委托法定评估机构评估。

合伙人以劳务出资的，其评估办法由全体合伙人协商确定，并在合伙协议中载明。

第十七条　合伙人应当按照合伙协议约定的出资方式、数额和缴付期限，履行出资义务。

以非货币财产出资的，依照法律、行政法规的规定，需要办理财产权转移手续的，应当依法办理。

第十八条　合伙协议应当载明下列事项：

（一）合伙企业的名称和主要经营场所的地点；

（二）合伙目的和合伙经营范围；

（三）合伙人的姓名或者名称、住所；

（四）合伙人的出资方式、数额和缴付期限；

（五）利润分配、亏损分担方式；

（六）合伙事务的执行；

（七）入伙与退伙；

（八）争议解决办法；

（九）合伙企业的解散与清算；

（十）违约责任。

第十九条　合伙协议经全体合伙人签名、盖章后生效。合伙人按照合伙协议享有权利，履行义务。

修改或者补充合伙协议，应当经全体合伙人一致同意；但是，合伙协议另有约定的除外。

合伙协议未约定或者约定不明确的事项，由合伙人协商决定；协商不成的，依照本法和其他有关法律、行政法规的规定处理。

第二节　合伙企业财产

第二十条　合伙人的出资、以合伙企业名义取得的收益和依法取得的其他财产，均为合伙企业的财产。

第二十一条　合伙人在合伙企业清算前，不得请求分割合伙企业的财产；但是，本法另有规定的除外。

合伙人在合伙企业清算前私自转移或者处分合伙企业财产的，合伙企业不得以此对抗善意第三人。

第二十二条　除合伙协议另有约定外，合伙人向合伙人以外的人转让其在合伙企业中的全部或者部分财产份额时，须经其他合伙人一致同意。

合伙人之间转让在合伙企业中的全部或者部分财产份额时，应当通知其他合伙人。

第二十三条　合伙人向合伙人以外的人转让其在合伙企业中的财产份额的，在同等条件下，其他合伙人有优先购买权；但是，合伙协议另有约定的除外。

第二十四条　合伙人以外的人依法受让合伙人在合伙企业中的财产份额的，经修改合伙协议即成为合伙企业的合伙人，依照本法和修改后的合伙协议享有权利，履行义务。

第二十五条　合伙人以其在合伙企业中的财产份额出质的，须经其他合伙人一致同意；未经其他合伙人一致同意，其行为无效，由此给善意第三人造成损失的，由行为人依法承担赔偿责任。

第三节　合伙事务执行

第二十六条　合伙人对执行合伙事务享有同等的权利。

按照合伙协议的约定或者经全体合伙人决定，可以委托一个或者数个合伙人对外代表合伙企业，执行合伙事务。

作为合伙人的法人、其他组织执行合伙事务的，由其委派的代表执行。

第二十七条　依照本法第二十六条第二款规定委托一个或者数个合伙人执行合伙事务的，其他合伙人不再执行合伙事务。

不执行合伙事务的合伙人有权监督执行事务合伙人执行合伙事务的情况。

第二十八条　由一个或者数个合伙人执行合伙事务的，执行事务合伙人应当定期向其他合伙人报告事务执行情况以及合伙企业的经营和财务状况，其执行合伙事务所产生的收益归合伙企业，所产生的费用和亏损由合伙企业承担。

合伙人为了解合伙企业的经营状况和财务状况，有权查阅合伙企业会计账簿等财务资料。

第二十九条 合伙人分别执行合伙事务的，执行事务合伙人可以对其他合伙人执行的事务提出异议。提出异议时，应当暂停该项事务的执行。如果发生争议，依照本法第三十条规定作出决定。

受委托执行合伙事务的合伙人不按照合伙协议或者全体合伙人的决定执行事务的，其他合伙人可以决定撤销该委托。

第三十条 合伙人对合伙企业有关事项作出决议，按照合伙协议约定的表决办法办理。合伙协议未约定或者约定不明确的，实行合伙人一票并经全体合伙人过半数通过的表决办法。

本法对合伙企业的表决办法另有规定的，从其规定。

第三十一条 除合伙协议另有约定外，合伙企业的下列事项应当经全体合伙人一致同意：

（一）改变合伙企业的名称；

（二）改变合伙企业的经营范围、主要经营场所的地点；

（三）处分合伙企业的不动产；

（四）转让或者处分合伙企业的知识产权和其他财产权利；

（五）以合伙企业名义为他人提供担保；

（六）聘任合伙人以外的人担任合伙企业的经营管理人员。

第三十二条　合伙人不得自营或者同他人合作经营与本合伙企业相竞争的业务。

除合伙协议另有约定或者经全体合伙人一致同意外，合伙人不得同本合伙企业进行交易。

合伙人不得从事损害本合伙企业利益的活动。

第三十三条　合伙企业的利润分配、亏损分担，按照合伙协议的约定办理；合伙协议未约定或者约定不明确的，由合伙人协商决定；协商不成的，由合伙人按照实缴出资比例分配、分担；无法确定出资比例的，由合伙人平均分配、分担。

合伙协议不得约定将全部利润分配给部分合伙人或者由部分合伙人承担全部亏损。

第三十四条　合伙人按照合伙协议的约定或者经全体合伙人决定，可以增加或者减少对合伙企业的出资。

第三十五条　被聘任的合伙企业的经营管理人员应当在合伙

企业授权范围内履行职务。

被聘任的合伙企业的经营管理人员，超越合伙企业授权范围履行职务，或者在履行职务过程中因故意或者重大过失给合伙企业造成损失的，依法承担赔偿责任。

第三十六条　合伙企业应当依照法律、行政法规的规定建立企业财务、会计制度。

第四节　合伙企业与第三人关系

第三十七条　合伙企业对合伙人执行合伙事务以及对外代表合伙企业权利的限制，不得对抗善意第三人。

第三十八条　合伙企业对其债务，应先以其全部财产进行清偿。

第三十九条　合伙企业不能清偿到期债务的，合伙人承担无限连带责任。

第四十条　合伙人由于承担无限连带责任，清偿数额超过本法第三十三条第一款规定的其亏损分担比例的，有权向其他合伙人追偿。

第四十一条　合伙人发生与合伙企业无关的债务，相关债权人不得以其债权抵销其对合伙企业的债务；也不得代位行使合伙人在合伙企业中的权利。

第四十二条　合伙人的自有财产不足清偿其与合伙企业无关的债务的，该合伙人可以以其从合伙企业中分取的收益用于清偿；债权人也可以依法请求人民法院强制执行该合伙人在合伙企业中的财产份额用于清偿。

人民法院强制执行合伙人的财产份额时，应当通知全体合伙人，其他合伙人有优先购买权；其他合伙人未购买，又不同意将该财产份额转让给他人的，依照本法第五十一条的规定为该合伙人办理退伙结算，或者办理削减该合伙人相应财产份额的结算。

第五节　入伙、退伙

第四十三条　新合伙人入伙，除合伙协议另有约定外，应当经全体合伙人一致同意，并依法订立书面入伙协议。

订立入伙协议时，原合伙人应当向新合伙人如实告知原合伙企业的经营状况和财务状况。

第四十四条　入伙的新合伙人与原合伙人享有同等权利，承担同等责任。入伙协议另有约定的，从其约定。

新合伙人对入伙前合伙企业的债务承担无限连带责任。

第四十五条　合伙协议约定合伙期限的，在合伙企业存续期间，有下列情形之一的，合伙人可以退伙：

（一）合伙协议约定的退伙事由出现；

（二）经全体合伙人一致同意；

（三）发生合伙人难以继续参加合伙的事由；

（四）其他合伙人严重违反合伙协议约定的义务。

第四十六条　合伙协议未约定合伙期限的，合伙人在不给合伙企业事务执行造成不利影响的情况下，可以退伙，但应当提前三十日通知其他合伙人。

第四十七条　合伙人违反本法第四十五条、第四十六条的规定退伙的，应当赔偿由此给合伙企业造成的损失。

第四十八条　合伙人有下列情形之一的，当然退伙：

（一）作为合伙人的自然人死亡或者被依法宣告死亡；

（二）个人丧失偿债能力；

（三）作为合伙人的法人或者其他组织依法被吊销营业执照、责令关闭、撤销，或者被宣告破产；

（四）法律规定或者合伙协议约定合伙人必须具有相关资格而丧失该资格；

（五）合伙人在合伙企业中的全部财产份额被人民法院强制执行。

合伙人被依法认定为无民事行为能力人或者限制民事行为能力人的，经其他合伙人一致同意，可以依法转为有限合伙人，普通合伙企业依法转为有限合伙企业。其他合伙人未能一致同意的，该无民事行为能力或者限制民事行为能力的合伙人退伙。

退伙事由实际发生之日为退伙生效日。

第四十九条　合伙人有下列情形之一的，经其他合伙人一致同意，可以决议将其除名：

（一）未履行出资义务；

（二）因故意或者重大过失给合伙企业造成损失；

（三）执行合伙事务时有不正当行为；

（四）发生合伙协议约定的事由。

对合伙人的除名决议应当书面通知被除名人。被除名人接到除名通知之日，除名生效，被除名人退伙。

被除名人对除名决议有异议的，可以自接到除名通知之日起三十日内，向人民法院起诉。

第五十条　合伙人死亡或者被依法宣告死亡的，对该合伙人在合伙企业中的财产份额享有合法继承权的继承人，按照合伙协议的约定或者经全体合伙人一致同意，从继承开始之日起，取得该合伙企业的合伙人资格。

有下列情形之一的，合伙企业应当向合伙人的继承人退还被继承合伙人的财产份额：

（一）继承人不愿意成为合伙人；

（二）法律规定或者合伙协议约定合伙人必须具有相关资格，而该继承人未取得该资格；

（三）合伙协议约定不能成为合伙人的其他情形。

合伙人的继承人为无民事行为能力人或者限制民事行为能力人的，经全体合伙人一致同意，可以依法成为有限合伙人，普通合伙企业依法转为有限合伙企业。全体合伙人未能一致同意的，合伙企业应当将被继承合伙人的财产份额退还该继承人。

第五十一条　合伙人退伙，其他合伙人应当与该退伙人按照退伙时的合伙企业财产状况进行结算，退还退伙人的财产份额。退伙人对给合伙企业造成的损失负有赔偿责任的，相应扣减其应当赔偿的数额。

退伙时有未了结的合伙企业事务的，待该事务了结后进行结算。

第五十二条　退伙人在合伙企业中财产份额的退还办法，由合伙协议约定或者由全体合伙人决定，可以退还货币，也可以退还实物。

第五十三条　退伙人对基于其退伙前的原因发生的合伙企业债务，承担无限连带责任。

第五十四条　合伙人退伙时，合伙企业财产少于合伙企业债务的，退伙人应当依照本法第三十三条第一款的规定分担亏损。

第六节　特殊的普通合伙企业

第五十五条　以专业知识和专门技能为客户提供有偿服务的专业服务机构，可以设立为特殊的普通合伙企业。

特殊的普通合伙企业是指合伙人依照本法第五十七条的规定承担责任的普通合伙企业。

特殊的普通合伙企业适用本节规定；本节未作规定的，适用本章第一节至第五节的规定。

第五十六条　特殊的普通合伙企业名称中应当标明“特殊普通合伙”字样。

第五十七条　一个合伙人或者数个合伙人在执业活动中因故意或者重大过失造成合伙企业债务的，应当承担无限责任或者无限连带责任，其他合伙人以其在合伙企业中的财产份额为限承担责任。

合伙人在执业活动中非因故意或者重大过失造成的合伙企业债务以及合伙企业的其他债务，由全体合伙人承担无限连带责任。

第五十八条　合伙人执业活动中因故意或者重大过失造成的合伙企业债务，以合伙企业财产对外承担责任后，该合伙人应当按照合伙协议的约定对给合伙企业造成的损失承担赔偿责任。

第五十九条　特殊的普通合伙企业应当建立执业风险基金、办理职业保险。

执业风险基金用于偿付合伙人执业活动造成的债务。执业风险基金应当单独立户管理。具体管理办法由国务院规定。

**第三章　有限合伙企业**

第六十条　有限合伙企业及其合伙人适用本章规定；本章未作规定的，适用本法第二章第一节至第五节关于普通合伙企业及其合伙人的规定。

第六十一条　有限合伙企业由二个以上五十个以下合伙人设立；但是，法律另有规定的除外。

有限合伙企业至少应当有一个普通合伙人。

第六十二条　有限合伙企业名称中应当标明“有限合伙”字样。

第六十三条 合伙协议除符合本法第十八条的规定外，还应当载明下列事项：

（一）普通合伙人和有限合伙人的姓名或者名称、住所；

（二）执行事务合伙人应具备的条件和选择程序；

（三）执行事务合伙人权限与违约处理办法；

（四）执行事务合伙人的除名条件和更换程序；

（五）有限合伙人入伙、退伙的条件、程序以及相关责任；

（六）有限合伙人和普通合伙人相互转变程序。

第六十四条 有限合伙人可以用货币、实物、知识产权、土地使用权或者其他财产权利作价出资。

有限合伙人不得以劳务出资。

第六十五条 有限合伙人应当按照合伙协议的约定按期足额缴纳出资；未按期足额缴纳的，应当承担补缴义务，并对其他合伙人承担违约责任。

第六十六条 有限合伙企业登记事项中应当载明有限合伙人

的姓名或者名称及认缴的出资数额。

第六十七条　有限合伙企业由普通合伙人执行合伙事务。执行事务合伙人可以要求在合伙协议中确定执行事务的报酬及报酬提取方式。

第六十八条　有限合伙人不执行合伙事务，不得对外代表有限合伙企业。

有限合伙人的下列行为，不视为执行合伙事务：

（一）参与决定普通合伙人入伙、退伙；

（二）对企业的经营管理提出建议；

（三）参与选择承办有限合伙企业审计业务的会计师事务所；

（四）获取经审计的有限合伙企业财务会计报告；

（五）对涉及自身利益的情况，查阅有限合伙企业财务会计账簿等财务资料；

（六）在有限合伙企业中的利益受到侵害时，向有责任的合伙人主张权利或者提起诉讼；

（七）执行事务合伙人怠于行使权利时，督促其行使权利或者为了本企业的利益以自己的名义提起诉讼；

（八）依法为本企业提供担保。

第六十九条　有限合伙企业不得将全部利润分配给部分合伙人；但是，合伙协议另有约定的除外。

第七十条　有限合伙人可以同本有限合伙企业进行交易；但是，合伙协议另有约定的除外。

第七十一条　有限合伙人可以自营或者同他人合作经营与本有限合伙企业相竞争的业务；但是，合伙协议另有约定的除外。

第七十二条　有限合伙人可以将其在有限合伙企业中的财产份额出质；但是，合伙协议另有约定的除外。

第七十三条　有限合伙人可以按照合伙协议的约定向合伙人以外的人转让其在有限合伙企业中的财产份额，但应当提前三十日通知其他合伙人。

第七十四条　有限合伙人的自有财产不足清偿其与合伙企业

无关的债务的，该合伙人可以以其从有限合伙企业中分取的收益用于清偿；债权人也可以依法请求人民法院强制执行该合伙人在有限合伙企业中的财产份额用于清偿。

人民法院强制执行有限合伙人的财产份额时，应当通知全体合伙人。在同等条件下，其他合伙人有优先购买权。

第七十五条　有限合伙企业仅剩有限合伙人的，应当解散；有限合伙企业仅剩普通合伙人的，转为普通合伙企业。

第七十六条　第三人有理由相信有限合伙人为普通合伙人并与其交易的，该有限合伙人对该笔交易承担与普通合伙人同样的责任。

有限合伙人未经授权以有限合伙企业名义与他人进行交易，给有限合伙企业或者其他合伙人造成损失的，该有限合伙人应当承担赔偿责任。

第七十七条　新入伙的有限合伙人对入伙前有限合伙企业的债务，以其认缴的出资额为限承担责任。

第七十八条　有限合伙人有本法第四十八条第一款第一项、第三项至第五项所列情形之一的，当然退伙。

第七十九条　作为有限合伙人的自然人在有限合伙企业存续期间丧失民事行为能力的，其他合伙人不得因此要求其退伙。

第八十条　作为有限合伙人的自然人死亡、被依法宣告死亡或者作为有限合伙人的法人及其他组织终止时，其继承人或者权利承受人可以依法取得该有限合伙人在有限合伙企业中的资格。

第八十一条　有限合伙人退伙后，对基于其退伙前的原因发生的有限合伙企业债务，以其退伙时从有限合伙企业中取回的财产承担责任。

第八十二条　除合伙协议另有约定外，普通合伙人转变为有限合伙人，或者有限合伙人转变为普通合伙人，应当经全体合伙人一致同意。

第八十三条　有限合伙人转变为普通合伙人的，对其作为有限合伙人期间有限合伙企业发生的债务承担无限连带责任。

第八十四条　普通合伙人转变为有限合伙人的，对其作为普通合伙人期间合伙企业发生的债务承担无限连带责任。

## 第四章　合伙企业解散、清算

第八十五条　合伙企业有下列情形之一的，应当解散：

（一）合伙期限届满，合伙人决定不再经营；

（二）合伙协议约定的解散事由出现；

（三）全体合伙人决定解散；

（四）合伙人已不具备法定人数满三十天；

（五）合伙协议约定的合伙目的已经实现或者无法实现；

（六）依法被吊销营业执照、责令关闭或者被撤销；

（七）法律、行政法规规定的其他原因。

第八十六条　合伙企业解散，应当由清算人进行清算。

清算人由全体合伙人担任；经全体合伙人过半数同意，可以自合伙企业解散事由出现后十五日内指定一个或者数个合伙人，或者委托第三人，担任清算人。

自合伙企业解散事由出现之日起十五日内未确定清算人的，

合伙人或者其他利害关系人可以申请人民法院指定清算人。

第八十七条　清算人在清算期间执行下列事务：

（一）清理合伙企业财产，分别编制资产负债表和财产清单；

（二）处理与清算有关的合伙企业未了结事务；

（三）清缴所欠税款；

（四）清理债权、债务；

（五）处理合伙企业清偿债务后的剩余财产；

（六）代表合伙企业参加诉讼或者仲裁活动。

第八十八条　清算人自被确定之日起十日内将合伙企业解散事项通知债权人，并于六十日内在报纸上公告。债权人应当自接到通知书之日起三十日内，未接到通知书的自公告之日起四十五日内，向清算人申报债权。

债权人申报债权，应当说明债权的有关事项，并提供证明材料。清算人应当对债权进行登记。

清算期间，合伙企业存续，但不得开展与清算无关的经营活动。

第八十九条　合伙企业财产在支付清算费用和职工工资、社会保险费用、法定补偿金以及缴纳所欠税款、清偿债务后的剩余财产，依照本法第三十三条第一款的规定进行分配。

第九十条　清算结束，清算人应当编制清算报告，经全体合伙人签名、盖章后，在十五日内向企业登记机关报送清算报告，申请办理合伙企业注销登记。

第九十一条　合伙企业注销后，原普通合伙人对合伙企业存续期间的债务仍应承担无限连带责任。

第九十二条　合伙企业不能清偿到期债务的，债权人可以依法向人民法院提出破产清算申请，也可以要求普通合伙人清偿。

合伙企业依法被宣告破产的，普通合伙人对合伙企业债务仍应承担无限连带责任。

**第五章　法律责任**

第九十三条　违反本法规定，提交虚假文件或者采取其他欺骗手段，取得合伙企业登记的，由企业登记机关责令改正，处以五千元以上五万元以下的罚款；情节严重的，撤销企业登记，并处以五万元以上二十万元以下的罚款。

第九十四条　违反本法规定，合伙企业未在其名称中标明“普通合伙”、“特殊普通合伙”或者“有限合伙”字样的，由企业登记机关责令限期改正，处以二千元以上一万元以下的罚款。

第九十五条　违反本法规定，未领取营业执照，而以合伙企业或者合伙企业分支机构名义从事合伙业务的，由企业登记机关责令停止，处以五千元以上五万元以下的罚款。

合伙企业登记事项发生变更时，未依照本法规定办理变更登记的，由企业登记机关责令限期登记；逾期不登记的，处以二千元以上二万元以下的罚款。

合伙企业登记事项发生变更，执行合伙事务的合伙人未按期申请办理变更登记的，应当赔偿由此给合伙企业、其他合伙人或者善意第三人造成的损失。

第九十六条　合伙人执行合伙事务，或者合伙企业从业人员利用职务上的便利，将应当归合伙企业的利益据为己有的，或者采取其他手段侵占合伙企业财产的，应当将该利益和财产退还合伙企业；给合伙企业或者其他合伙人造成损失的，依法承担赔偿责任。

第九十七条　合伙人对本法规定或者合伙协议约定必须经全体合伙人一致同意始得执行的事务擅自处理，给合伙企业或者其他合伙人造成损失的，依法承担赔偿责任。

第九十八条　不具有事务执行权的合伙人擅自执行合伙事务，给合伙企业或者其他合伙人造成损失的，依法承担赔偿责任。

第九十九条　合伙人违反本法规定或者合伙协议的约定，从事与本合伙企业相竞争的业务或者与本合伙企业进行交易的，该收益归合伙企业所有；给合伙企业或者其他合伙人造成损失的，依法承担赔偿责任。

第一百条　清算人未依照本法规定向企业登记机关报送清算报告，或者报送清算报告隐瞒重要事实，或者有重大遗漏的，由企业登记机关责令改正。由此产生的费用和损失，由清算人承担和赔偿。

第一百零一条　清算人执行清算事务，牟取非法收入或者侵占合伙企业财产的，应当将该收入和侵占的财产退还合伙企业；给合伙企业或者其他合伙人造成损失的，依法承担赔偿责任。

第一百零二条　清算人违反本法规定，隐匿、转移合伙企业财产，对资产负债表或者财产清单作虚假记载，或者在未清偿债务前分配财产，损害债权人利益的，依法承担赔偿责任。

第一百零三条　合伙人违反合伙协议的，应当依法承担违约责任。

合伙人履行合伙协议发生争议的，合伙人可以通过协商或者调解解决。不愿通过协商、调解解决或者协商、调解不成的，可以按照合伙协议约定的仲裁条款或者事后达成的书面仲裁协议，向仲裁机构申请仲裁。合伙协议中未订立仲裁条款，事后又没有达成书面仲裁协议的，可以向人民法院起诉。

第一百零四条　有关行政管理机关的工作人员违反本法规定，滥用职权、徇私舞弊、收受贿赂、侵害合伙企业合法权益的，依法给予行政处分。

第一百零五条　违反本法规定，构成犯罪的，依法追究刑事责任。

第一百零六条　违反本法规定，应当承担民事赔偿责任和缴纳罚款、罚金，其财产不足以同时支付的，先承担民事赔偿责任。

**第六章　附则**

第一百零七条　非企业专业服务机构依据有关法律采取合伙制的，其合伙人承担责任的形式可以适用本法关于特殊的普通合伙企业合伙人承担责任的规定。

第一百零八条　外国企业或者个人在中国境内设立合伙企业的管理办法由国务院规定。

第一百零九条　本法自2007年6月1日起施行。

# 附录 2

## 公司章程 1

（以有限责任公司，两个以上股东，设董事会、监事会为例）

# XX有限公司章程

为了规范公司的组织和行为，保护公司、股东和债权人的合法权益，维护社会经济秩序，依照《中华人民共和国公司法》（以下简称《公司法》）的规定，制定本章程。

**第一条** 本公司为有限责任公司，独立核算，自主经营，自负盈亏，以其全部财产对公司的债务承担责任。

**第二条** 公司名称：XX有限公司。本公司为企业集团母公司，企业集团名称：XX。（如本公司不是企业集团母公司，则不需要这一句）

**第三条** 公司住所：XX省XX市XX县（区）XX路XX号。

**第四条** 公司经营范围：XXX。

**第五条** 公司的注册资本为人民币XX万元，即在公司登记机关登记的全体股东认缴的出资额。

**第六条** 公司股东的姓名（名称）、出资方式、认缴出资额、出资比例、出资时间如下：

| 股东姓名（名称） | 证件号码 | 出资方式 | 认缴出资额（万元） | 出资比例 | 出资时间 | 实缴出资额（本列可删除不填） |
| --- | --- | --- | --- | --- | --- | --- |
| 股东1 | | | | | | |
| 股东2 | | | | | | |
| 股东3 | | | | | | |
| …… | | | | | | |

**第七条**　股东应当按期足额缴纳公司章程中规定的各自所认缴的出资额。股东未按期足额缴纳出资的，除应当向公司足额缴纳外，还应当向已按期足额缴纳出资的股东承担违约责任。

**第八条**　公司的股东之间可以相互转让其全部或者部分股权。

股东向股东以外的人转让股权，应当经其他股东过半数同意。股东应就其股权转让事项书面通知其他股东征求同意，其他股东自接到书面通知之日起满三十日未答复的，视为同意转让。其他股东半数以上不同意转让的，不同意的股东应当购买该转让的股权；不购买的，视为同意转让。

经股东同意转让的股权，在同等条件下，其他股东有优先购买权。两个以上股东主张行使优先购买权的，协商确定各自的购买比例；协商不成的，按照转让时各自的出资比例行使优先购买权。

自然人股东死亡后，其合法继承人可以继承股东资格。

**第九条** 公司股东会由全体股东组成，是公司的权力机构，行使下列职权：

（一）决定公司的经营方针和投资计划；

（二）选举和更换非由职工代表担任的董事、监事，决定有关董事、监事的报酬事项；

（三）审议批准董事会的报告；

（四）审议批准监事会的报告；

（五）审议批准公司的年度财务预算方案、决算方案；

（六）审议批准公司的利润分配方案和弥补亏损方案；

（七）对公司增加或者减少注册资本作出决议；

（八）对发行公司债券作出决议；

（九）对公司合并、分立、解散、清算或者变更公司形式作出决议；

（十）修改公司章程。

**第十条** 股东会会议由董事会召集，董事长主持。股东会会议分为定期会议和临时会议。监事会、三分之一以上的董事、代表十分之一以上表决权的股东提议召开临时会议的，应当召开临时会议。

**第十一条** 召开股东会会议，应当于会议召开十五日前通知全体股东。股东会应当对所议事项的决定作成会议记录，出席会议的股东应当在会议记录上签名。股东会会议由股东按照出资比例行使表决权。股东会会议作出修改公司章程、增加或者减少注册资本的决议，以及公司合并、分立、解散或者变更公司形式的决议，必须经代表三分之二以上表决权的股东通过。

**第十二条**　公司设董事会，成员X人。董事的任期每届为三年，任期届满，连选可以连任。董事会设董事长一人，副董事长X人（可以没有），由董事会选举产生。董事会对股东会负责，行使下列职权：

（一）召集股东会会议，并向股东会报告工作；

（二）执行股东会的决议；

（三）决定公司的经营计划和投资方案；

（四）制订公司的年度财务预算方案、决算方案；

（五）制订公司的利润分配方案和弥补亏损方案；

（六）制订公司增加或者减少注册资本以及发行公司债券的方案；

（七）制订公司合并、分立、解散或者变更公司形式的方案；

（八）决定公司内部管理机构的设置；

（九）决定聘任或者解聘公司经理及其报酬事项，并根据经理的提名决定聘任或者解聘公司副经理、财务负责人及其报酬事项；

（十）制定公司的基本管理制度。

**第十三条** 董事会会议由董事长召集和主持。董事会应当对所议事项的决定作成会议记录，出席会议的董事应当在会议记录上签名。董事会决议的表决，实行一人一票。

**第十四条** 公司设监事会，成员X人（不少于三人）。监事会成员中的职工代表由公司职工民主选举产生，比例不低于三分之一。监事的任期每届为三年，任期届满，连选可以连任。监事会设主席一人，由全体监事过半数选举产生。监事会行使下列职权：

（一）检查公司财务；

（二）对董事、高级管理人员执行公司职务的行为进行监督，对违反法律、行政法规、公司章程或者股东会决议的董事、高级管理人员提出罢免的建议；

（三）当董事、高级管理人员的行为损害公司的利益时，要求董事、高级管理人员予以纠正；

（四）提议召开临时股东会会议，在董事会不履行《公司法》规定的召集和主持股东会会议职责时召集和主持股东会会议；

（五）向股东会会议提出提案；

（六）依照《公司法》规定，对董事、高级管理人员提起诉讼。

**第十五条**　监事会会议由监事会主席召集和主持。监事会每年度至少召开一次会议，监事可以提议召开临时监事会会议。监事会决议应当经半数以上监事通过。监事会应当对所议事项的决定作成会议记录，出席会议的监事应当在会议记录上签名。

**第十六条**　公司设经理一人，经理对董事会负责，行使下列职权：

（一）主持公司的生产经营管理工作，组织实施董事会决议；

（二）组织实施公司年度经营计划和投资方案；

（三）拟订公司内部管理机构设置方案；

（四）拟订公司的基本管理制度；

（五）制定公司的具体规章；

（六）提请聘任或者解聘公司副经理、财务负责人；

（七）决定聘任或者解聘除应由董事会决定聘任或者解聘以外的负责管理人员。

经理列席董事会会议。

**第十七条**　公司法定代表人由董事长（或者经理）担任。

**第十八条** 公司弥补亏损和提取公积金后所余年度税后利润，由股东按照实缴的出资比例分配。公司的财务会计及劳动用工制度，依照国家法律、法规的规定和相关政府主管部门的规范执行。

**第十九条** 公司的营业期限为X年或长期（此处选其一），从《营业执照》签发之日起计算。

**第二十条** 公司因下列原因解散：

（一）公司营业期限届满；

（二）股东会决议解散；

（三）依法被吊销营业执照、责令关闭或者被撤销；

（四）人民法院依法予以解散。

公司应当在解散事由出现之日起十五日内成立清算组，并向公司登记机关备案，开始清算。清算组应当自成立之日起十日内通知债权人，于六十日内在报纸上公告。清算组应当登记债权人申报其债权，制定清算方案。清算结束后，清算组应当申请公司注销登记。

**第二十一条** 清算组发现公司财产不足清偿债务的，应当依法向人民法院申请宣告破产。公司被依法宣告破产的，依照有关企业破产的法律实施破产清算。

**第二十二条** 本章程对公司、股东、董事、监事、高级管理人员具有约束力，自经合法程序制定或修改之日起生效。

**第二十三条**　本章程公司留存一份，股东各留存一份，报公司登记机关备案一份。

**股东签字或盖章：**

股东1：________　股东2：________　股东3：________

股东4：________　股东5：________　股东6：________

公司盖章（设立登记时不需要）

X年X月X日

# 附录3

## 公司章程2

（以有限责任公司，一个股东，设董事会、监事会为例）

## XX有限公司章程

为了规范公司的组织和行为，保护公司、股东和债权人的合法权益，维护社会经济秩序，依照《公司法》的规定，制定本章程。

**第一条** 本公司为有限责任公司，独立核算，自主经营，自负盈亏，以其全部财产对公司的债务承担责任。

**第二条** 公司名称：XX有限公司。本公司为企业集团母公司，企业集团名称：XX。（如本公司不是企业集团母公司，则不需要这一句）

**第三条** 公司住所：XX省XX市XX县（区）XX路XX号。

**第四条** 公司经营范围：XXX。

**第五条** 公司的注册资本为人民币XX万元，即在公司登记机关登记的股东认缴的出资额。

**第六条** 公司股东的姓名（名称）、出资方式、认缴出资额、出资比例、出资时间如下：

| 股东姓名（名称） | 证件号码 | 出资方式 | 认缴出资额（万元） | 出资比例 | 出资时间 | 实缴出资额（本列可删除不填） |
| --- | --- | --- | --- | --- | --- | --- |
| 股东 | | | | | | |

**第七条**　股东应当按期足额缴纳公司章程中规定的认缴出资额。

**第八条**　公司股东行使下列职权：

（一）决定公司的经营方针和投资计划；

（二）任命和更换非由职工代表担任的董事、监事，决定有关董事、监事的报酬事项；

（三）审议批准董事会的报告；

（四）审议批准监事会的报告；

（五）审议批准公司的年度财务预算方案、决算方案；

（六）审议批准公司的利润分配方案和弥补亏损方案；

（七）对公司增加或者减少注册资本作出决议；

（八）对发行公司债券作出决议；

（九）对公司合并、分立、解散、清算或者变更公司形式作出决议；

（十）修改公司章程。

**第九条**　公司设董事会，成员X人。董事的任期每届为三年，任期届满，若未进行更换，可以连任。董事会设董事长一人，副董事长X人（可以没有），由董事会选举产生。董事会对股东负责，行使下列职权：

（一）向股东报告工作；

（二）执行股东的决定；

（三）决定公司的经营计划和投资方案；

（四）制订公司的年度财务预算方案、决算方案；

（五）制订公司的利润分配方案和弥补亏损方案；

（六）制订公司增加或者减少注册资本以及发行公司债券的方案；

（七）制订公司合并、分立、解散或者变更公司形式的方案；

（八）决定公司内部管理机构的设置；

（九）决定聘任或者解聘公司经理及其报酬事项，并根据经理的提名决定聘任或者解聘公司副经理、财务负责人及其报酬事项；

（十）制定公司的基本管理制度。

**第十条** 董事会会议由董事长召集和主持。董事会应当对所议事项的决定作成会议记录，出席会议的董事应当在会议记录上签名。董事会决议的表决，实行一人一票。

**第十一条** 公司设监事会，成员X人（不少于三人）。监事会成员中的职工代表由公司职工民主选举产生，比例不低于三分之一。监事的任期每届为三年，任期届满，若未进行更换，可以连任。监事会设主席一人，由全体监事过半数选举产生。监事会行使下列职权：

（一）检查公司财务；

（二）对董事、高级管理人员执行公司职务的行为进行监督，对违反法律、行政法规、公司章程或者股东决定的董事、高级管理人员提出罢免的建议；

（三）当董事、高级管理人员的行为损害公司的利益时，要求董事、高级管理人员予以纠正；

（四）依照《公司法》规定，对董事、高级管理人员提起诉讼。

**第十二条**　监事会会议由监事会主席召集和主持。监事会每年度至少召开一次会议，监事可以提议召开临时监事会会议。监事会决议应当经半数以上监事通过。监事会应当对所议事项的决定作成会议记录，出席会议的监事应当在会议记录上签名。

**第十三条**　公司设经理一人，经理对董事会负责，行使下列职权：

（一）主持公司的生产经营管理工作，组织实施董事会决议；

（二）组织实施公司年度经营计划和投资方案；

（三）拟订公司内部管理机构设置方案；

（四）拟订公司的基本管理制度；

（五）制定公司的具体规章；

（六）提请聘任或者解聘公司副经理、财务负责人；

（七）决定聘任或者解聘除应由董事会决定聘任或者解聘以外的负责管理人员。

经理列席董事会会议。

**第十四条** 公司法定代表人由董事长（或者经理）担任。

**第十五条** 公司弥补亏损和提取公积金后所余年度税后利润，由股东依法分配。公司的财务会计及劳动用工制度，依照国家法律、法规的规定和相关政府主管部门的规范执行。

**第十六条** 公司的营业期限为X年或长期（此处选其一），从《营业执照》签发之日起计算。

**第十七条** 公司因下列原因解散：

（一）公司营业期限届满；

（二）股东决定解散；

（三）依法被吊销营业执照、责令关闭或者被撤销；

（四）人民法院依法予以解散。

公司应当在解散事由出现之日起十五日内成立清算组，并向公司登记机关备案，开始清算。清算组应当自成立之日起十日内通知债权人，于六十日内在报纸上公告。清算组应当登记债权人申报其债权，制定清算方案。清算结束后，清算组应当申请公司注销登记。

**第十八条**　清算组发现公司财产不足清偿债务的，应当依法向人民法院申请宣告破产。公司被依法宣告破产的，依照有关企业破产的法律实施破产清算。

**第十九条**　本章程对公司、股东、董事、监事、高级管理人员具有约束力，自经合法程序制定或修改之日起生效。

**第二十条**　本章程公司留存一份，股东留存一份，报公司登记机关备案一份。

**股东签字或盖章：**

股东

公司盖章（设立登记时不需要）

X年X月X日